Como Escrever Textos Técnicos

2ª Edição
Revista e Atualizada

Dados Internacionais de Catalogação na Publicação (CIP)
(Câmara Brasileira do Livro, SP, Brasil)

Oliveira, José Paulo Moreira de
Como escrever textos técnicos / José Paulo Moreira de Oliveira, Carlos Alberto Paula Motta. - 2. ed. - São Paulo : Cengage Learning, 2017.

2. reimpr. da 2. ed. de 2011.
ISBN 978-85-221-1203-6

1. Português - Redação I. Motta, Carlos Alberto Paula. II. Título.

11-12155 CDD-808.0469

Índices para catálogo sistemático:
1. Redação : Português   808.0469

Como Escrever Textos Técnicos

2ª Edição
Revista e Atualizada

José Paulo Moreira de Oliveira
Carlos Alberto Paula Motta

Austrália • Brasil • México • Cingapura • Reino Unido • Estados Unidos

Como escrever textos técnicos, 2ª edição revista e atualizada

José Paulo Moreira de Oliveira e Carlos Alberto Paula Motta

Gerente editorial: Patricia La Rosa

Supervisora editorial: Noelma Brocanelli

Editora de desenvolvimento: Marileide Gomes

Supervisora de produção editorial: Fabiana Alencar Albuquerque

Copidesque: Lourdes Bissoto Medeiros Ostan

Revisão: Maria Dolores D. Sierra Mata

Diagramação: Triall Composição Editorial Ltda.

Capa: Souto Crescimento de Marca

Pesquisa iconográfica: Vivian Rosa

© 2012 Cengage Learning Edições Ltda.

Todos os direitos reservados. Nenhuma parte deste livro poderá ser reproduzida, sejam quais forem os meios empregados, sem a permissão por escrito da Editora. Aos infratores aplicam-se as sanções previstas nos artigos 102, 104, 106, 107 da Lei n. 9.610, de 19 de fevereiro de 1998.

Esta editora empenhou-se em contatar os responsáveis pelos direitos autorais de todas as imagens e de outros materiais utilizados neste livro. Se porventura for constatada a omissão involuntária na identificação de algum deles, dispomo-nos a efetuar, futuramente, os possíveis acertos.

A Editora não se responsabiliza pelo funcionamento dos links contidos neste livro que possam estar suspensos.

Para informações sobre nossos produtos, entre em contato pelo telefone **0800 11 19 39**

Para permissão de uso de material desta obra, envie seu pedido para **direitosautorais@cengage.com**

© 2012 Cengage Learning. Todos os direitos reservados.

ISBN-13: 978-85-221-1203-6
ISBN-10: 85-221-1203-7

Cengage Learning
Condomínio E-Business Park
Rua Werner Siemens, 111 – Prédio 11 – Torre A – Conjunto 12
Lapa de Baixo – CEP 05069-900 – São Paulo –SP
Tel.: (11) 3665-9900 – Fax: 3665-9901
SAC: 0800 11 19 39

Para suas soluções de curso e aprendizado, visite
www.cengage.com.br

Impresso no Brasil
Printed in Brazil
2. reimpr. – 2017

PREFÁCIO

No meu dia a dia, consumo e coordeno a produção de relatórios, estudos e pesquisas. Todos esses produtos têm um desafio comum: chamar a atenção e influenciar.

E para que atinjam esse objetivo é fundamental que sejam objetivos, claros e bem fundamentados. Em suma, bem-escritos. Mas nem sempre é assim. E quando não o são, exigem mais atenção e trabalho – e serão simplesmente apagados pelo uso da tecla **del** ou então relegados para leitura em outra ocasião.

Textos mal-escritos são fontes de desperdício de recursos, de perda de produtividade: não comunicam a mensagem, exigem mais tempo do que o necessário para a leitura e geram problemas de comunicação.

Como escrever textos técnicos enfrenta esses problemas. É uma ferramenta de produtividade. Quem o ler e aplicar aumentará seu valor como profissional e criará valor para si, para sua organização e para os usuários da sua ação de comunicação.

"Texto complicado é texto complicado. Nada mais que isso." Essa frase do livro sintetiza a tarefa que **Como escrever textos técnicos** procura enfrentar. E o faz com sucesso. Através de indicações precisas, exemplos e exercícios práticos, os autores orientam o leitor a buscar objetividade e clareza em seus escritos, seja na redação de normas e comunicados, seja na produção de relatórios e monografias.

É um livro para ser lido e relido. A tarefa de buscar clareza e precisão em textos exige trabalho e atenção constantes. Não por acaso, os bons jornais têm revisores em tempo integral e publicam a correção dos seus erros em colunas diárias.

Aqui na CNI, tive a colaboração do Prof. José Paulo Moreira de Oliveira, por meio de suas aulas e livros, em ações voltadas para aumentar a objetividade, clareza e precisão de textos das mais variadas equipes. Os resultados têm sido os mais expressivos.

Esta edição revista de **Como escrever textos técnicos** permitirá ao leitor fazer, com seu próprio controle e ação, o caminho supremo da sofisticação na escrita técnica: a simplicidade.

José Augusto Coelho Fernandes
Diretor-executivo da Confederação Nacional da Indústria

SUMÁRIO

PARTE 1
O que todo comunicador precisa saber 1

Para início de conversa 1
As virtudes do texto técnico 4
A primeira virtude: transparência 4
A segunda virtude: publicidade 8
    Mantenha o foco no leitor 9
A terceira virtude: formalidade 13
A quarta virtude: impessoalidade 15
    Saia de cena 15
    Mas trabalhe nos bastidores 15
A quinta virtude: objetividade 17
    Vá direto ao ponto 17
Outros caminhos que levam à objetividade 20
    Homogeneidade 20
    Especificidade 21
    Escolha o essencial 22
    Concisão 25
A sexta virtude: clareza 29
    Dicas para obter clareza 30
Dicas de sucesso 35
Teste suas habilidades 39

PARTE 2
Preparativos para uma comunicação eficaz 41

    Aprimorando a forma 41
    Cuide da organização dos originais 42
        O passo a passo para organizar os originais 43
        Configure o tipo de parágrafo e o espaço entre linhas 44
        Configure o parágrafo ordinário 45
        Numere as páginas 46
        Defina o estilo 47
        Redija usando o estilo 48
        Numere seções e subseções 49
        Como fazer enumerações 50
        Como fazer nota de rodapé e nota de fim 51
        Como inserir notas de rodapé 52
        Como inserir notas de fim 53
        Como criar definições 54
        O que deve ser definido 54
        Como trabalhar com números 57
        Como fazer citações 60
        Como indicar a autoria de uma citação 62
        Os sistemas de chamada 63
        Como fazer referências bibliográficas 64
        Como usar ilustrações 67
        Regras gerais para o uso de ilustrações 73

PARTE 3
A produção de texto 79

    Começando a patinar 79
    Os tipos de texto técnico mais utilizados 80
        Relatório informativo 80
        Instruções e normas 81
        Parecer 84
        Relatório de pesquisa 87
        Flash report 88
        Relatório de especificações técnicas 90

As partes que compõem o texto técnico 93
Folha de rosto 94
Sumário 95
    Dicas importantes 96
Abstract 97
    Descriptive abstracts 97
    Informative abstracts 98
    Dicas para produzir um bom abstract 99
Introdução 100
Revisão de literatura 101
Metodologia 102
Materiais e métodos 102
Prefácio 103
Objetivo 104
    Objetivos gerais 104
    Objetivos específicos 104
Anexos/Apêndices 106
Referências Bibliográficas 107

O QUE TODO COMUNICADOR PRECISA SABER

PARTE 1

PARA INÍCIO DE CONVERSA

Em nenhum momento da história da humanidade foi tão importante desenvolver e aprimorar a geração, a absorção e a difusão de informações e de tecnologia. As mudanças avassaladoras introduzidas pela informática e o consequente avanço propiciado pela criação de novas ferramentas de comunicação acabaram por alterar perspectivas, definir novos horizontes e propiciar uma revolucionária democratização do saber.

A era da Informação estabeleceu uma nova forma de pensar e de criar riqueza, na qual o conhecimento — valor intangível — passou a ser o meio dominante, o substituto último de todos os outros meios de produção. Em um mundo globalizado e cada vez mais competitivo, as palavras de ordem são eliminar entraves burocráticos e barreiras tecnológicas e adotar políticas de flexibilização e adequação às mudanças de comportamento de uma sociedade cada vez mais exigente e consciente de seus direitos.

Nesse novo contexto, a escrita técnica ganha um relevo todo especial. São centenas, milhares de textos a serem produzidos, revisados, adaptados e reescritos. São normas, procedimentos, manuais, dissertações e monografias, relatórios de pesquisa e textos afins, que devem chegar todos os dias a leitores ávidos por informações, produtos e serviços capazes de exceder às melhores expectativas.

Dominar a linguagem escrita com precisão tornou-se ferramenta vital para a propagação do conhecimento, e o profissional que conseguir aliar conhecimento técnico e performance comunicativa será cada vez mais valorizado e requisitado pelo mercado.

Isso porque essa sociedade que tem pressa sepultou de vez a imagem exótica do cientista enfurnado em seu laboratório que não tinha que prestar contas ou fazer concessões a ninguém que não a seus pares ou superiores imediatos.

A ideologia dominante durante séculos era de que recolhimento, isolamento e introspecção constituíam posturas inerentes à atividade científica.

Partindo dessa premissa, qualquer sugestão de maior transparência esbarrava na ideologia positivista, pautada nos princípios de total liberdade e absoluta autonomia da Ciência perante outras atividades especulativas, tais como a religião e a filosofia, consideradas de menor importância.

Esse quadro mudou, como mostra Silva:[1]

> A integração da atividade científica nas sociedades modernas passa igualmente por transformações profundas: o pesquisador torna-se um trabalhador assalariado, é recrutado por suas qualificações e para realizar um trabalho definido, em um certo nível hierárquico. A complexidade crescente da prática científica, exigindo instalações, equipamentos e recursos numerosos, caros, implica em investimentos igualmente crescentes, que só podem vir dos excedentes sociais. Acabaram-se os tempos do monge Mendel, que, no jardim de seu convento, podia fazer algumas experiências com algumas sementes, poupadas aos celeiros da comunidade.

Diante da **Publicidade** infinitamente maior da informação, todo e qualquer esforço no sentido de imprimir maior **Transparência** e **Clareza** às comunicações será bem-vindo e apreciado pela sociedade, sem que isso necessariamente implique que o redator de textos técnicos tenha que abrir mão das peculiaridades inerentes a seu ofício.

Diferentemente da literatura de ficção, do texto jornalístico e do discurso publicitário — espaços onde cabe linguagem mais "distensa", algumas vezes próxima da linguagem oral —, a escrita técnica deve preservar a **Formalidade**. Isso implica a eliminação de coloquialismos e de regionalismos, além do respeito rigoroso às regras gramaticais, caracterizadoras do padrão culto da Língua.

Nessa mesma linha de raciocínio, o redator deve ainda evitar linguagem figurada, malabarismos verbais, contorcionismos sintáticos, abuso de sinônimos e outros recursos de estilo, considerados impróprios ao contexto em que se desenvolve a escrita técnica. Em nome da clareza, **Objetividade** e **Impessoalidade** devem comandar o processo comunicativo. Os tópicos apontados — considerados virtudes maiores da boa escrita técnica — serão identificados e analisados, conforme esquema a seguir.

---

[1] SILVA, Luiz Pereira. Encontros com a Civilização Brasileira n. 5, 1978, p. 18-19.

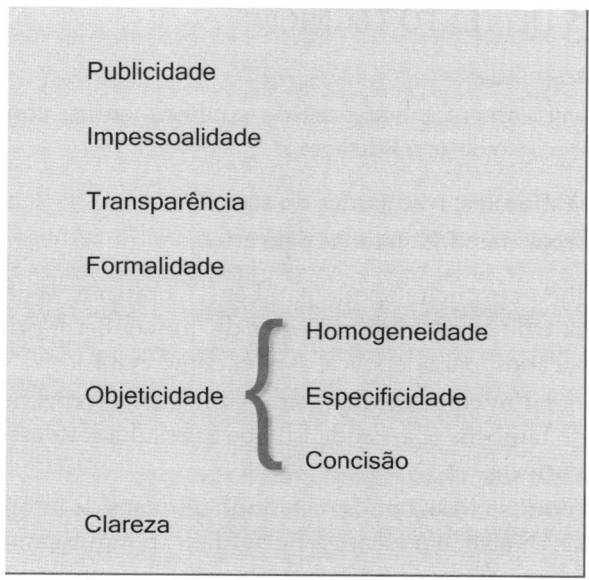

Nas páginas seguintes, você encontrará, ainda, conselhos práticos, dicas e ensinamentos, que certamente tornarão menos árida e mais prazerosa a tarefa de produzir textos técnicos.

Boa leitura!

AS VIRTUDES DO TEXTO TÉCNICO

Pense rápido e responda:

Se você deseja aumentar sua base de conhecimentos, como gostaria de desenvolver o processo de aprendizagem?

- Mediante estímulos, resultantes do acerto.
- Mediante reprimendas, geradas pelo erro.

Se você escolheu a primeira opção, parabéns! Como nós, você também acredita que é melhor trilhar pelo caminho certo do que conhecer primeiramente os caminhos equivocados, para depois aprender como evitá-los.

Dá no mesmo? Em certa medida, sim. Com medo, reprimenda, castigo e muito sofrimento também se aprende, só que os resultados desse processo são, no mínimo, discutíveis.

Ao longo de nossas vidas, temos registrado centenas de informações diretamente vinculadas ao erro, e poucas — na verdade, pouquíssimas — ligadas ao acerto.

Basta relembrar os comentários sarcásticos de nossos professores sobre a pobreza de nossas redações ou ainda observar a sistemática publicação na mídia — para grande deleite do público — das respostas absurdas de vestibulandos a questões que parecem a todos óbvias, elementares e primárias.

Aprendemos a rir da participante do programa de televisão quando afirma que uma cobra pode voar e damos gargalhadas quando uma "celebridade" troca os esses pelos erres. Só não aprendemos a chegar a esta simples conclusão: se essas pessoas nada sabem é porque nada lhes foi ensinado — e somos também, de alguma forma, responsáveis por isso.

Reflexões à parte, vamos iniciar nosso trabalho pelo estudo das **virtudes**, mesmo sabendo que, para cada uma delas, existirá um defeito correspondente. Afinal, obscuridade opõe-se a transparência, hermetismo opõe-se a clareza, subjetividade opõe-se a objetividade e assim por diante.

Cremos que optar pela trilha dos acertos é a atitude correta. No mínimo, evita o medo de errar, além de muita dor, sacrifício e sofrimento inútil.

A PRIMEIRA VIRTUDE: TRANSPARÊNCIA

Muitos profissionais da área técnica acreditam que a competência de seus escritos é diretamente proporcional à obediência rigorosa a regras gramaticais e a rebuscamentos de linguagem, condições únicas para que o texto assegure a desejável credibilidade perante o leitor.

Texto simples, para eles, não é sério, e por mais que se tente mostrar que o mundo mudou — e que hoje concisão e objetividade são virtudes essenciais —, o mito do hermetismo e da prolixidade continuam mais vivos do que nunca. Das teses acadêmicas à comunicação corporativa, somos ainda instados a aumentar o tamanho de nossos textos, mesmo cientes de que essas "esticadas" certamente comprometerão a qualidade da informação.

Tal pensamento é, no mínimo, equivocado — e o resultado dessa postura, desastroso.

> Texto complicado é apenas texto complicado. Nada mais do que isso.

Desculpas não faltam para justificar tentativas malsucedidas e resultados frustrantes:

"Sei que meu texto não funcionou. O problema é que hoje eu não estava inspirado."

Muitos são os que ainda pensam que o ato de escrever requer talentos especiais — que uns poucos dominam e que a maioria não tem.

Partindo dessa falácia, consagrou-se o mito de que a tarefa de escrever seria própria dos predestinados, dos iluminados... Só esses seriam capazes de, como num passe de mágica, passar ideias para o papel. Nada mais falso. A tarefa de redigir não é dom divino, e todos podem ser excelentes comunicadores.

"Modéstia à parte, eu até que escrevo bem. O leitor é que não soube interpretar o que eu queria dizer."

É muito mais fácil culpar o leitor por nossas malfadadas experiências comunicativas.

"Já sei até o que você vai dizer... Meu texto foi feito às pressas e saiu de qualquer maneira. O problema é que eu tive pouco tempo para fazer uma revisão."

A falta crônica de tempo se tornou a matéria-prima mais abundante do mercado. Se você mesmo não tem tempo, é inútil acreditar que o leitor vai gastar preciosos minutos do tempo dele para tentar decifrar enigmas. *Se seu texto não é claro o suficiente, o leitor simplesmente renunciará à leitura.*

"Sou um profissional de área técnica. A mim não compete, portanto, nenhum tipo de concessão ao leitor."

Puro egocentrismo, característica dos poetas românticos, da geração mal do século.

Comentários como esses soam como coisa velha e antiquada. Tão velho e antiquado como acreditar que engenheiro não sabe escrever, médico tem que ter letra indecifrável e advogado deve ter a obrigação de fazer longas citações em latim.

É bem mais fácil responsabilizar o leitor por não se empenhar o bastante para decifrar nossos enigmas. Promover reuniões — invariavelmente improdutivas — para tentar encontrar bodes expiatórios e responsabilizá-los por ações desastrosas até que não é tarefa das mais penosas.

Tarefa certamente bem mais árdua é tentar descobrir os *gaps*, rever criticamente o que foi escrito, preencher eventuais lacunas de pensamento, encontrar novos caminhos que conduzam o leitor — desta vez — a porto seguro e revelar, de forma inequívoca, as ações que se deseja desencadear.

Valem os conselhos:

Cuide para que o leitor tenha a clara percepção das ações que você quer ver concretizadas. Caso o leitor tenha que fazer o seu trabalho, o resultado pode ser desastroso. Ora o leitor ficará passivo e confuso — por não saber como agir corretamente diante do problema apresentado — ora o leitor passará a trilhar caminhos desencontrados — e agirá, consequentemente, de maneira diversa da que pretendíamos.

> Ninguém é obrigado a adivinhar intenções comunicativas.

E não tema ser invadido pela curiosidade do leitor: para quem nos lê, é extremamente reconfortante conhecer a natureza do problema, saber que ações foram tomadas, o que se pretende com essas informações e quais as ações que se espera sejam desencadeadas. Leia atentamente o texto a seguir.

Atenção, senhores passageiros,
Quem vos fala é o comandante.
Detectamos um problema na parte elétrica da aeronave e, portanto, teremos que abortar a decolagem.
Retornaremos ao setor de embarque, para que os técnicos da manutenção verifiquem o problema e calculem quanto tempo levarão para fazer os reparos.
Enquanto isso, permaneçam sentados, com os cintos de segurança atados.
Se nada de grave for constatado, os senhores serão imediatamente informados do tempo de espera para iniciarmos a decolagem.
Se houver necessidade de reparos demorados, os senhores terão que desembarcar para troca de aeronave.

Desculpem-nos pelo transtorno, mas entendam que não podemos, em momento algum, descuidar da segurança.
Pela sua atenção, nosso muito obrigado.

Nesse texto, as ações se desenvolvem em sequência lógica, e a compreensão é imediata. A absoluta transparência advém da obediência às seguintes etapas de formulação:

- Identificação dos protagonistas.

    O enunciador da mensagem — no caso, o comandante — e sua plateia — representada pelos passageiros do avião.

    É interessante notar que a identificação inicial confere ao autor a imprescindível autoridade para falar em nome de toda a tripulação.
    Observe:
    a) O tom solene: "Quem **vos** fala é o comandante."
    b) A formalidade própria a esse contexto: "Os **senhores** terão que desembarcar da **aeronave**", em vez de "Vocês vão ter que sair do avião."
    c) A impessoalidade: "Pela sua atenção, **nosso** muito obrigado."
    d) O uso do imperativo: "**Permaneçam** sentados"; do vocativo: "**Atenção, senhores passageiros**" e dos pronomes pessoal e possessivo: "Quem **vos** fala [...]" e "Pela **sua** atenção [...]", ferramentas indispensáveis para a construção de um discurso focado no receptor (*Função apelativa da linguagem*).

    Esse tipo de postura é essencial para quem necessita passar firmeza, transmitir segurança e demonstrar absoluto controle da situação.

- Identificação imediata do problema.

    Pane no sistema elétrico da aeronave.

- Explicitação das decisões tomadas.

    a) Suspensão imediata da decolagem.
    b) Solicitação prioritária de *check-up* na aeronave, para identificação da natureza do defeito.

- Especificação das alternativas para solucionar a questão.

    a) Reparo imediato.
    b) Troca de aeronave.

- Recomendação quanto às ações que cabe a cada passageiro executar.

    a) Atar o cinto de segurança.
    b) Permanecer sentado.
    c) Aguardar novas instruções do comandante.
    d) Trocar, se for o caso, de aeronave.

Observe, ainda, que o autor tem o cuidado de eliminar qualquer eventual contestação proveniente de algum dos passageiros, na medida em que o apelo à *segurança* constitui argumentação decisiva e irrefutável:

"Desculpem-nos pelo transtorno, mas entendam que não podemos, em momento algum, descuidar da segurança."

 Sugestão de Atividade 1

Apreendido o esquema proposto, é hora de passarmos à prática.

Você, funcionário da Interexpress, deve redigir um *Relatório de Fiscalização* informando a seus superiores o extravio de malote com talões de cheques expedidos pelo Royal Bank, em nome de Sugar Investments.

No texto a ser produzido, devem ser desenvolvidos os seguintes tópicos:

- Identificação do problema.
  O que aconteceu?
  Como, quando, onde e por que o fato ocorreu?
  Alguém em particular — ou algum setor da empresa — deve ser responsabilizado?
  Use a criatividade na geração dessas informações. Seja específico, sem exagero no detalhamento da situação.
- Explicitação das decisões tomadas.
  Especifique as alternativas para contornar a falta e preservar a imagem da Interexpress perante o Royal Bank e a Sugar Investments.
  Recomende as ações internas pertinentes, não só relativas à eventual punição dos envolvidos, como também no que tange aos cuidados necessários para que fatos como esses não se repitam.

Cada um dos tópicos deve ser desenvolvido em parágrafos distintos, preservando-se a sequência lógica e a cronologia dos acontecimentos.

A SEGUNDA VIRTUDE: PUBLICIDADE

A integração da atividade científica na sociedade moderna passa por profundas transformações, e a adaptação a esse novo contexto requer o desenvolvimento de novas habilidades, resultantes das exigências de um público leitor mais amplo, diversificado e exigente.

O escritor técnico se vê frequentemente diante do velho dilema: como convencer a sociedade de que seu projeto tem valor, de que sua pesquisa é importante e de que seus escritos propiciarão reais benefícios à coletividade?

Como atender a esse novo e diversificado público leitor?

PARTE I – O QUE TODO COMUNICADOR PRECISA SABER

> A publicidade do texto técnico desperta no redator o compromisso de levar em conta necessidades distintas de um amplo e diversificado público leitor, que deseja ver suas necessidades de informação atendidas.

Os administradores, responsáveis diretos pela tomada de decisões, ressentem-se da falta de tempo para leitura de tratados intrincados e volumosos. Eles querem a leitura condensada do Resumo Executivo, o que exige do redator elevado poder de síntese.

Os responsáveis pela liberação de recursos só a farão após entenderem o que está sendo dito e identificarem possibilidades de retorno capazes de justificar o investimento. Consequentemente, o redator precisa ter alto poder de persuasão e capacidade de adaptar seus escritos ao "imediatismo" desse leitor em especial.

A opinião pública só valorizará o trabalho do técnico quando efetivamente entender a intrincada matemática da relação custo/benefício, o que exige do redator enorme capacidade didática e acurada autocrítica.

A comunidade científica, por sua vez, só valorizará os escritos técnicos quando neles reconhecer profundidade de conhecimento, pertinência e substância, razão pela qual o redator terá de demonstrar amplo domínio do assunto a ser desenvolvido.

Para tentar fazer frente a esses novos desafios, é prudente delinear o perfil do público-alvo que se quer atingir.

Tenha sempre em mente as seguintes questões:

- O leitor é técnico ou leigo no assunto?
- Qual o nível de conhecimento do leitor a respeito do tema e qual a sua capacidade decisória na hierarquia organizacional?
- O trabalho a ser produzido é de circulação interna? A comunicação será dirigida a uma categoria profissional específica ou se pretende atingir amplos e diversificados setores da sociedade?
- Qual o grau de especificidade a ser imprimido ao trabalho?
- A linguagem utilizada dá margem a crer que o texto terá boas chances de ser lido e compreendido por alguém que não tenha participado, direta ou indiretamente, de sua elaboração?

MANTENHA O FOCO NO LEITOR

Respondidas essas perguntas, fica mais fácil administrar os conteúdos a serem produzidos.

Se o leitor não é um especialista, a informação breve, clara e expressa em linguagem acessível será mais do que suficiente.

Para o público em geral, interessa saber que um termômetro é "instrumento destinado a medir a temperatura dos corpos" (MICHAELIS, 1998). É inútil e desnecessário explicar seu mecanismo de funcionamento ou ainda falar das experiências de Fahrenheit, Six, Celsius, Rutherford ou Geissler com o calor.

Se o leitor é um especialista, deve-se privilegiar a informação que vá ao encontro das necessidades informacionais desse público específico.

Para um epidemiologista, é importante saber que seres humanos podem contrair o antraz em contato com a terra e principalmente em contato com animais — em cujo pelo, cabelo e presas o micro-organismo pode sobreviver anos a fio —, e que, até invadir os pulmões, o risco de contágio é infinitamente menor.

Para especialistas em Defesa, é importante saber que os esporos do antraz podem ser lançados por artefatos de artilharia a centenas de quilômetros e que a bactéria, por ser transmissível pelo ar, torna-se arma poderosa em uma eventual guerra biológica.

Em uma revista dirigida a médicos, matérias relacionadas a novos medicamentos descobertos para o tratamento da Aids ou a novas técnicas cirúrgicas para implante de órgãos serão naturalmente apreciadas. Explicar os cuidados que se deve tomar para não contrair o vírus ou descrever os procedimentos legais necessários para fazer uma doação são informações redundantes para esse tipo de leitor – embora sejam da maior relevância para o grande público.

Fica fácil observar como a caracterização do público-alvo é importante para a seleção das informações. Sem esse recurso, estaremos certamente cansando o leitor com pormenores inúteis e, portanto, dispensáveis, que só vão desviá-lo do melhor caminho a ser percorrido.

E por falar em caminho, cuidado! Nossa insegurança pode pôr tudo a perder no momento em que competência profissional e hierarquia social aparecem para nublar decisões, principalmente quando se trata de fazer chegar informações técnicas a um leigo.

A situação descrita a seguir costuma acontecer com frequência.

Doutor X preparou uma palestra sobre doenças sexualmente transmissíveis e adaptou-a para atender pessoal não especializado de sua corporação.

O texto que servirá de roteiro está adequado ao *target*, mas, na última hora, Doutor X decide fazer pequenos "retoques". Primeiramente, substitui *use* por *utilize*; *fazer* por *fase de implementação*. Nessa linha de raciocínio, *melhor tratamento* vira *profilaxia recomendada*, e *remédios* transformam-se em *recursos terapêutico-farmacológicos disponibilizados ao usuário*.

Na verdade, o que Doutor X teme é comprometer sua imagem profissional como médico, o que implicaria perda de respeito e de credibilidade perante seus pares.

Esse receio o levará a reescrever parágrafos inteiros, nos quais muito jargão técnico será inserido.

Caso insista em manter essa postura, a reação amorfa e indiferente da plateia será inevitável. Se o resultado obtido ficar aquém de suas expectativas — e as pessoas se sentirem desestimuladas a agir —, não se deve atribuir o insucesso ao baixo nível de escolaridade do público-alvo, afinal, Doutor X tinha pleno conhecimento do público a que devia atingir.

Sugestão de Atividade 2

Com base no *briefing* a seguir, elabore texto informativo dirigido ao grande público, alertando-o sobre os perigos de contrair o vírus da dengue. Lembre-se de que o texto não deve exceder uma página e meia, e a linguagem deve ser clara, acessível e transparente.

O objetivo básico do trabalho é desenvolver sua capacidade de:

- Extrair e selecionar informações pertinentes ao público a que se destina.
- Desenvolver essas informações em uma linguagem acessível a todos.
- Ser incisivo, sem ser alarmista.
- Trabalhar com público não especializado, que precisa de orientações seguras sobre como agir diante de problema que afeta diretamente seu dia a dia.

Briefing – Dengue
Mal é transmitido pelo vírus *Flaviviridae*. Doença tem altas chances de cura, mas pode matar. Já é considerada, no Brasil, uma epidemia.

Histórico
Os primeiros registros de dengue no mundo foram feitos no fim do século XVIII, no sudoeste asiático, em Java, e nos Estados Unidos, na Filadélfia. Mas a Organização Mundial de Saúde (OMS) só a reconheceu como doença neste século.

Mosquito
A origem do Aedes *aegypti*, inseto transmissor da doença ao homem, é africana. Na verdade, quem contamina é a fêmea, pois o macho se alimenta apenas de seivas de plantas. A fêmea precisa de uma substância do sangue (a albumina) para completar o processo de amadurecimento de seus ovos. O mosquito transmite a doença, mas não sofre seus efeitos.

Dengue: doença fingida
Por não ter sintomas específicos, a doença pode ser confundida com várias outras, como leptospirose, sarampo, rubéola. São doenças que provocam febre, prostração, dor de cabeça e dores musculares generalizadas. Um médico consegue, por exames em laboratório, definir a doença e tratá-la corretamente.

O desenvolvimento da doença
1. O mosquito infectado pica o homem.
2. O vírus se dissemina pelo sangue.

3. Um dos locais preferidos do vírus para se instalar no corpo humano é o tecido que envolve os vasos sanguíneos, chamado reticuloendotelial.
4. A multiplicação do vírus sobre o tecido provoca a inflamação dos vasos. O sangue, com isso, circula mais lentamente.
5. Como a circulação fica mais lenta, é comum que os líquidos do sangue extravasem dos vasos. O sangue torna-se mais espesso.
6. O sangue, mais espesso, pode coagular dentro dos vasos provocando trombos (entupimentos).
Além disso, a circulação lenta prejudica a oxigenação e nutrição ideal dos órgãos.
7. Com o tempo, se não houver tratamento específico, pode haver um choque circulatório. O sangue deixa de circular, os órgãos ficam prejudicados e podem parar de funcionar. Isso leva à morte.

Febre hemorrágica
Em função da inflamação dos vasos (por causa da instalação dos vírus no tecido que os envolve), há um consumo exagerado de plaquetas, pequenos soldados que trabalham contra as doenças.
A falta de plaquetas interfere na homeostase do corpo (capacidade de controlar espontaneamente o fluxo de sangue). O organismo passa a apresentar uma forte tendência a ter hemorragias.

Pode ocorrer:
1. Se a pessoa tem dengue pela segunda vez (outro tipo de vírus), pode contrair a hemorrágica.
2. Há quatro sorotipos diferentes de dengue. Um deles, o den2, é o mais intenso. Este tipo pode evoluir para a dengue hemorrágica.
3. Dependendo da força do vírus e da suscetibilidade da pessoa, a doença oferece mais riscos.

Conselhos:
Para controlar a febre hemorrágica, aconselha-se tomar muito líquido e evitar medicamentos à base de ácido acetilsalicílico, como Aspirina ou Melhoral.

A dengue e o tempo
O vírus da dengue precisa de tempo para se manifestar no homem ou mesmo para infectar o mosquito transmissor. A idade ideal do mosquito para transmitir a doença é a partir do 30º dia de vida.
O Aedes tem um ciclo total de 45 dias. Uma vez contaminado, o homem demora entre 2 e 15 dias para sentir os sintomas da doença. Há um período para que o mosquito se contamine ao picar um homem. Vai desde o dia anterior à febre até seis dias depois desta. Fora desse tempo, o mosquito pica e não se contamina. Após picar o homem, só depois de oito dias o Aedes consegue contaminar outro homem.

Sintomas
- 99% dos infectados têm febre, que dura cerca de sete dias. Pode ser branda ou muito alta, dependendo do indivíduo e da força do vírus, da virulência.
- 25% apresentam manchas vermelhas em todo o corpo, as chamadas exantemas. Como o vírus se instala também próximo aos vasos, é comum estes inflamarem e ficarem evidentes na pele.

- 50% têm prostração, indisposição.
- 60% têm dor de cabeça.
- 50% têm dor atrás do olho.

Imunidade
O homem só desenvolve imunidade permanente para o tipo de vírus que contraiu. A doença pode reincidir com outro sorotipo. Essa repetição é a que oferece perigo para a hemorrágica.

Nota: Disponível em http://www.hospitalsantaluzia.com.br. Acesso: em 21 de outubro de 2011.

A TERCEIRA VIRTUDE: FORMALIDADE

A publicidade da informação exige do redator técnico cuidados quanto à seleção vocabular, à escolha do tipo de linguagem a ser utilizado e ao controle da quantidade de informações a serem prestadas.

A palavra empregada deve ser a mais comum. Regionalismos, arcaísmos, neologismos e estrangeirismos não consagrados devem ser evitados. Claro que o redator pode optar pelo uso de determinadas expressões ou ainda obedecer a certa tradição no emprego de construções consagradas, mas isso não implica, necessariamente, a utilização de *formas de linguagem burocrática, desgastadas pelo uso*.

> O jargão burocrático, como todo jargão, é de compreensão limitada e, portanto, deve ser evitado.

Assim, termos técnicos específicos a determinada área devem ser utilizados apenas quando se tiver certeza do conhecimento prévio do leitor a respeito dessa terminologia.

Certos rebuscamentos acadêmicos — e mesmo o vocabulário próprio a determinada categoria profissional — são de difícil entendimento por quem não está familiarizado com eles.

Por sua natureza e finalidade, textos técnicos devem obedecer ao padrão culto da Língua, caracterizado pelo respeito às regras da gramática normativa e pelo emprego de vocabulário comum ao conjunto dos usuários do idioma.

Não que essa postura signifique dizer que textos técnicos tenham de ser resistentes a todo e qualquer sinal evidente de evolução da Língua, caracterizando o que pejorativa e maldosamente é rotulado de *tecniquês*.

Mudanças para melhor são — e sempre serão — bem-vindas. Lembre-se que o padrão culto nada tem contra a simplicidade de expressão, desde que não seja confundido com pobreza de expressão. De nenhuma forma o uso do padrão culto implica emprego de linguagem rebuscada, tampouco fazer uso de contorcionismos sintáticos e figuras de linguagem próprios da linguagem literária (MENDES, 2002).

Sendo inevitável o emprego de termos específicos — mesmo em trabalhos a serem lidos por público leigo —, o redator deve ter o cuidado de explicar, clara e objetivamente, o significado dessa terminologia (na redação de normas técnicas, a NM1 (Diretiva para elaboração de normas Mercosul – ABNT) recomenda a criação de um capítulo intitulado **Definições**).

 Sugestão de Atividade 3

O texto a seguir é resposta a um pedido de estágio. Reescreva-o a fim de torná-lo uma peça comunicativa. Busque a clareza, a objetividade, a concisão e a elegância.

É fundamental que nossa estagiária não só entenda o que está escrito, como também possa dispor de orientações precisas sobre como deve agir para candidatar-se à vaga pretendida.

RJ: dd/mm/aa
Attention: Ilmª Candidata
Re: Curriculum
Estimada Colega,

Fulano, Advogado e Agente da Propriedade industrial e Associados, militantes, vêm, em atenção ao que nos foi remetido via correio, por questões de cavalheirismo jurídico e social, mas, aqui se faz mister dizer, também oportunamente, tendo em vista que se procura hodiernamente estagiário(a) de Direito apto(a) a desenvolver atividade laboral na esfera internacional, tendo como premissa inglês fluente, mesmo sem experiência no segmento em pauta, aspirando assim provável captação de trabalho na seara da propriedade intelectual, oriundo do exterior. Isso posto, vale dizer que anunciamos tal vaga, em veículo jornalístico, para os devidos fins, digo, a saber, domingo, 04.06.11, leia-se, "O Estagiário", e agora se oferta justa participação nos resultados aos interessados, a fim de que se recompense majestosa empreitada, entrementes, gozando V.Sª já de ilustre perfil, não sabemos quais seriam as suas expectativas em relação ao proposto, a título financeiro, e no que concerne à disponibilidade de horários a somar no nosso humilde *modus operandi* pois que, conforme supra, ratificamos qualquer receita internacional a partir da adesão do candidato, a estagiar tão somente de segunda a quinta, das 13h às 17h45min e, para tanto, paulatinamente orientado. Em tempo, ante o acima, havendo interesse no assunto em tela e, destarte, aguardando sua avaliação breve e conclusiva, colocamo-nos à sua disposição para dirimir eventual dúvida, perscrutando que, se possível, em caso de receptividade do teor consubstanciado na presente, pedimos que se digne remeter ao Escritório que vos fala, fotografia atualizada, aspirando consolidar ficha seletiva, e solicitando hora, haja vista que se faz necessário realizar uma entrevista autoelucidativa ao propósito em pauta.

Sem mais para o momento, agora lhe parabenizamos pela coragem demonstrada, e, despedimo-nos, pugnando votos de distintíssima consideração.

Um abraço, *Ex corde. Contact us.*
E-mail: fulano@nomeservidor.com.br

A QUARTA VIRTUDE: IMPESSOALIDADE

Diferentemente da linguagem familiar, dos e-mails de negócios, das peças publicitárias, das matérias jornalísticas e do texto literário — com suas múltiplas formas de expressão —, o texto técnico tem na impessoalidade uma de suas marcas.

É como se você estivesse em um teatro, assistindo a um monólogo cujo ator não aparece em cena. Você sabe que o ator está presente, só não pode vê-lo. Como não existem inflexões faciais, gestualidade, modulação e impostação de voz, a plateia não dispõe de outra opção senão concentrar-se unicamente no texto, informação pura a ser decodificada, compreendida e trabalhada pelo público leitor.

SAIA DE CENA

O redator técnico dispõe de várias ferramentas para tornar seu texto impessoal.
Eis algumas delas:

- Uso da primeira pessoa do plural.
- Uso do pronome **SE**:
  Em vez de **Eu entendo como necessário**, use **Entende- se como necessário**.
- Economia severa no emprego de adjetivos e advérbios, ferramentas gramaticais que introduzem juízos de valor.

Errado

> O presente objeto, no que tange à complementação das obras do colégio estadual em Bacaxá, foi devidamente analisado pelo Corpo Instrutivo juntamente com as informações disponíveis referentes à obra inicial da Construção do referendado Colégio Estadual.

Certo

> O Corpo Instrutivo analisou as obras de complementação e as informações referentes ao início das obras do colégio estadual em Bacaxá.

MAS TRABALHE NOS BASTIDORES

A presença do autor/diretor se faz sentir na tomada de meticulosos e criteriosos preparativos, necessários para que a compreensão do texto/espetáculo seja a mais exata possível.

Buscou-se a linguagem mais adequada, procurou-se a informação mais consistente, respeitou-se o conhecimento prévio do leitor relativamente ao assunto a ser tratado, revisou-se o texto, conferiram-se os possíveis erros gramaticais e reorganizaram-se algumas partes, em prol da clareza e da legibilidade.

Quem vê o resultado final — representado no texto simples, afinado e descomplicado — inicialmente não percebe a enorme quantidade de operações complexas, necessárias para se chegar à excelência do produto final. Entretanto, quando percebe a grandeza dos preparativos, o leitor aplaude e reconhece.

Lembre-se:

> Leitor de texto técnico aprecia a neutralidade, a imparcialidade e a exposição isenta dos diversos ângulos da questão.

Embora deteste textos secos — sem comentários adicionais, análises, recomendações e sugestões —, o leitor de texto técnico reivindica para si o direito de opinar, julgar e considerar a propriedade e a relevância ou não do que foi dito.

 Sugestão de Atividade 4

João Felipe é jornalista — e dos bons.

Investido agora na função de auditor, cabe a ele redigir seu primeiro relatório, que consubstancia sua inspeção realizada no Consórcio W.

Por não ser do ramo — e, portanto, pouco afeito às características peculiares da linguagem técnica —, Felipe desrespeitou o princípio da impessoalidade e acabou elaborando não um relatório técnico, mas uma peça literária passional, de gosto discutível e inadequada para esse contexto, tendo em vista o leitor a que se destina.

O texto a seguir é a conclusão desse relatório.

Sua tarefa será a de reescrever a conclusão de Felipe, de maneira a torná-la:

- Mais impessoal, eliminando qualquer traço que sugira parcialidade.
- Mais concisa, eliminando passagens e pormenores dispensáveis.
- Mais simples, eliminando palavras que não sejam de domínio comum à maioria dos usuários do idioma.

Conclusão

O senhor Reinaldo cultivava, enquanto administrou o Consórcio, um estranho proceder que bem demonstra sua fome incomum e insaciável de apanhar pessoas desavisadas para, apoderando-se dos seus minguados recursos, levá-las ao prejuízo.

No prédio onde funcionava a Liquidanda, instalara-se ele em seu segundo pavimento e, tal como um rei, bem acomodado, do alto do seu confortável império, de onde comandava várias empresas, extasiava-se quando a sineta, adredemente posicionada no pavimento inferior, sonorizava-se.

Era a senha, passada por um de seus funcionários — sempre esperada por ele —, de que novo consorciado havia sido fisgado, isto é, mais uma vítima acabara de se juntar a tantas outras.

Parece, contado assim, um fato pitoresco ou algo do gênero. Entretanto, não se trata de história. Trata-se de verdades que os empregados não se cansam de contar, e o sino, revestido de uma coloração amarelo-ouro, aliás, esplendoroso, lá está, integrando o patrimônio da Liquidanda, e não nos deixa mentir.

Dinheiro em caixa, lá estava o senhor Reinaldo ou dona Olga, sua mãe e sócia, para dele se fartarem. Os vales, assinados, ora por um dos sócios ora por outro, cuja destinação nunca era indicada, iam-se avolumando na Tesouraria e, se no passado foram, com astúcia, encobertos, desta vez, com o inesperado, porém providencial, decreto de liquidação extrajudicial, vieram a lume. Lá encontramos, como foi dito alhures, 50 documentos dessa espécie que perfazem R$ 297.000,00, importância subtraída aos incautos, mas que certamente serviria para fazer face a suas satisfações pessoais.

Espero sinceramente que os ex-administradores, causadores de tantos males, destruidores de tantos sonhos, respondam por todas as ilicitudes praticadas civil e criminalmente.

A QUINTA VIRTUDE: OBJETIVIDADE
VÁ DIRETO AO PONTO

A opção pela objetividade é decorrência da transparência, da publicidade e da clareza que se devem imprimir ao texto técnico, diferentemente do tom utilizado na linguagem entre amigos, no texto jornalístico e na produção literária.

Um bom conselho para quem deseja começar com o pé direito: *vá direto ao ponto*. Se a tela do computador teima em continuar em branco, pergunte a si mesmo: o que *realmente* quero dizer?

Se você tem de informar, informe; se você tem de comunicar, comunique; se você tem de avisar, avise. Diga ao leitor o que o leitor precisa saber.

> Não faça o leitor perder tempo. O risco não vale a pena.

A pior coisa do mundo é delegar ao leitor a tarefa de se achar em meio a caminhos tortuosos e desencontrados, só porque você não se organizou direito e simplesmente esqueceu de ensiná-lo a encontrar a trilha certa para sair desse emaranhado de ideias e informações, que, num primeiro momento, parecem linguagem criptografada, sem nenhum sentido.

Em contrapartida, se o leitor perceber que você está divagando *before getting to the point*, o risco passa a ser enorme: ou o leitor renuncia à árdua tarefa de decifrar o enigma — e simplesmente abandona o jogo —, ou pega uma trilha secundária — e fica inteiramente perdido —, ou então percorre o caminho do jeito dele — e a compreensão ficará sempre aquém do resultado desejado.

Em todos os casos, a comunicação será sempre a maior prejudicada. E comunicação equivocada significa desperdício de tempo — e muito trabalho dobrado.

> Fuja da atmosfera de suspense, recurso próprio da obra de ficção.

Nas fábulas, por exemplo, a narrativa é forjada mediante a construção de diálogos, travados entre personagens que representam uma alegoria do mundo real. Por meio do clássico *era uma vez*, o leitor é conduzido a um universo mágico de tapetes voadores e varinhas de condão, onde bruxas e princesas, animais falantes e rainhas más transitam entre palácios, florestas encantadas e casas feitas de doce e de chocolate.

A construção de sentido se dá quando, ao final do texto, a moral da história, o dito esclarecedor, se revela. Há sempre um ensinamento a ser passado, um modelo de comportamento moral a ser seguido — e isso só pode aparecer no final do texto, depois de o leitor submeter-se a todas as inevitáveis estratégias de persuasão e de convencimento.

O mesmo acontece na tragédia clássica, em que o leitor/espectador é conduzido à catarse, estado de sublimação e purificação, por meio do qual o autor dita um modelo de comportamento a ser observado, sem restrições.

É interessante notar o papel representado na tragédia pelo coro, 12 personagens conduzidas por um líder, denominado corifeu. O coro antevê — e lamenta — a sorte infeliz das personagens, antecipa enigmaticamente trechos da história e dá pistas sobre o que vai acontecer, o que só faz acentuar o clima de tensão e mistério.

Na tragédia grega *Édipo Rei*, de Sófocles, o protagonista Édipo mata o pai, Laio, e se casa com a própria mãe, Jocasta — consequentemente recairá sobre ele a eterna ira dos deuses, por conta de suas infortunadas ações.

Édipo, Laio, Jocasta — e o espectador, é claro — desconhecem o desfecho trágico da narrativa. Apenas o coro parece que tudo sabe.

Nos romances policiais, o jogo de esconde-esconde se repete. A fórmula de sucesso de Agatha Christie consiste em conseguir despistar o leitor, que será, invariavelmente, conduzido a caminhos que não vão dar em nada.

Se a vítima é a mulher de um marido violento — e muito ciumento —, o mais provável é que o assassino seja mesmo esse marido violento e ciumento.

O segredo é despistar o leitor e desviá-lo da solução lógica e natural. De início, essa hipótese é descartada, e o leitor, conduzido a trilhas que resultam em hipóteses equivocadas. O cerne da discussão passa a ser: qual dessas mulheres, todas elas com motivação e razões mais do que suficientes para odiar a vítima, teria cometido o assassinato?

Quando, no final, a solução do conflito acontece e se revela a verdadeira identidade do assassino, é inevitável que venham à mente do leitor os seguintes pensamentos:

"Puxa vida! A resposta estava o tempo inteiro na minha frente e só eu é que não consegui perceber."

"Mais uma vez a autora conseguiu me enganar. Como é que ela **sempre** consegue isso?"

Enquanto o autor de obra literária pode reivindicar o direito de romper com o lógico e o consagrado sempre que certas razões — subjetivas ou não — induzirem-no a optar por esse rompimento, o escritor do texto técnico — em nome da objetividade — deve esforçar-se, o tempo inteiro, para facilitar a tarefa de fazer o leitor compreender cem por cento do que vai ser dito.

Vale lembrar, ainda, que o sucesso da escrita técnica está estritamente vinculado à capacidade de o redator:

- Manter o foco nas necessidades informacionais do leitor.
- Respeitar o conhecimento prévio do leitor, relativamente ao assunto a ser abordado.
- Controlar a quantidade de informações a serem prestadas.
- Utilizar gráficos, fotos, tabelas e figuras capazes de enriquecer o conteúdo a ser desenvolvido.
- Organizar as informações de maneira a evitar que o leitor perca tempo com detalhes irrelevantes e, portanto, dispensáveis.
- Trabalhar adequadamente a especificidade: o leitor não é obrigado a adivinhar intenções comunicativas.

 Sugestão de Atividade 5

O texto a seguir constitui exemplo equivocado de comunicação.

O redator mais parece preocupado em demonstrar talento e competência do que em se expressar de maneira clara, objetiva e transparente.

Afora a pseudoerudição — que só faz dificultar a compreensão do texto —, o autor se perde em meio a um emaranhado de informações absolutamente desnecessárias neste contexto. Pura perda de tempo!

Reescreva o texto a seguir, promovendo as seguintes alterações:

- Retirada de toda e qualquer informação inútil.

- Eliminação de palavras e expressões de difícil compreensão, que devem ser substituídas por outras de uso comum aos usuários do idioma.
- Estruturação do texto em parágrafos distintos, conforme a escala de prioridades (do essencial para o importante e do importante para o acessório).

FUNORTE
Rio de Janeiro, 10 de abril de 2011.
Ilustríssimo Senhor,

Pelo presente, tenho a honra de dirigir-me a V. Sa. para esclarecer que, ante o sensível crescimento dos diversos trabalhos assacados a esse Departamento, vêm sendo notados, de certo tempo a esta parte, alguns pontos de estrangulamento no fluxo normal dos trabalhos circunstâncias que, como é óbvio, nos levaram a perquirir as razões mais diretamente ligadas a essas retenções, algumas das quais, uma vez identificadas, revelaram-se mais complexas, exigindo, por isso, mais tempo para o seu correto equacionamento.

Um aspecto, no entanto, por sua singeleza congênita, comporta, em nossa opinião, cuidados imediatos. Trata-se do excesso de trabalho com que ora se ressentem nossos serviços de digitação, por via de regra, merecedores de requintado apuro formal, posto que compreendem, entre outros serviços, expedição de instruções circulares, atualização das instruções regulamentares, memorandos e e-mails, ofícios de maior apresentação, correspondências com instituições públicas e privadas, bem como preparação de matrizes para reprodução em equipamentos gráficos.

Conquanto só por si consideráveis, esses serviços recrudesceram agora, com a transferência que ocorreu há pouco, para a esfera do Departamento, de todos os trabalhos vinculados à fiscalização das indústrias automobilísticas até pouco tempo atrás da esfera da Divisão X.

Afigurando-se-nos, destarte, amplamente caracterizado o painel de absoluta necessidade objetivo do Comunicado-interno n. 80/15 de 10.04.11, seríamos muito gratos se V. Exa. permitisse o fornecimento a nós de 4 (quatro) laptops e 1 (uma) impressora, que, reunidos às máquinas de que já dispomos, reuniriam os meios materiais indispensáveis à superação dos óbices que ora encaramos.

Atenciosamente,

MIGUEL JOSÉ DE MOURA
Setor de Fiscalização

OUTROS CAMINHOS QUE LEVAM À OBJETIVIDADE

Homogeneidade, especificidade e concisão são fatores a serem considerados quando se trata de tornar os textos mais objetivos, como você verá a seguir.

HOMOGENEIDADE

Este é o princípio: para cada conceito, buscar a palavra exata. A mais apropriada e a mais pertinente ao contexto. A que seja a mais específica e a menos plurissignificativa.

Define-se o termo **homogêneo** como "um corpo cujas partes são de mesma natureza; (por extensão) cujas partes estão solidamente ligadas" (MICHAELIS, 1998, p. 2143).

Partindo desse princípio, deve-se evitar o uso de sinônimos para um mesmo conceito previamente definido.

Observe o exemplo:

> Quando o desligamento é inadequado, o computador procederá a um teste padrão para verificar o disco rígido. Caso não seja detectado nenhum problema no winchester, você poderá trabalhar normalmente com a máquina.

Você pôde observar que os termos **disco rígido** e **computador** foram respectivamente substituídos por **winchester** e **máquina**.

Alguém que acredite no velho princípio — amplamente disseminado nos bancos escolares — de que repetir palavras é prova cabal de falta de vocabulário e incompetência no manejo da linguagem escrita, certamente julgará o trecho estilisticamente apropriado. Entretanto, se a proposta é produzir texto técnico, a substituição, além de equivocada, revela-se pouco funcional.

O leitor pode ser induzido a erro, por entender que os pares **disco rígido/ winchester** e **computador/máquina** possuem significados distintos.

Respeitando-se o princípio da homogeneidade, esta é a melhor redação para o trecho:

> Quando o desligamento é inadequado, o computador procederá a um teste padrão para verificar o disco rígido. Caso não seja detectado nenhum problema no disco, você poderá trabalhar normalmente com o computador.

ESPECIFICIDADE

Trabalhar a especificidade tem a ver com o tratamento que se deve dar à informação. Tudo vai depender do tipo de leitor — e do grau de profundidade necessário para o completo esclarecimento da questão analisada —, do propósito do texto e até mesmo do canal de comunicação a ser utilizado para passar a mensagem.

> Concentre-se no que é relevante, para o leitor decidir com acerto.

Se o tema é Saúde e o texto é um Relatório de Gestão sobre o município X, o interesse do solicitante será saber como a Prefeitura vem empregando os recursos disponibilizados pelo Ministério da Saúde, razão pela qual o tratamento que se deve dar à informação é fundamental para o êxito do trabalho.

Informar ao leitor que o município X tem no turismo sua fonte de arrecadação mais importante e que, na alta estação, o número de habitantes simplesmente triplica é fator determinante para que se possa entender o porquê do crescimento aparentemente extravagante dos gastos com saúde em dezembro, janeiro e fevereiro.

Explicar ao leitor que a extração salineira é atividade econômica relevante para o município X não basta. Especificar em que condições esse trabalho se desenvolve é fundamental para entender inúmeras internações nos hospitais do município, geradas por queimaduras de pele, doenças pulmonares e problemas oculares.

Suponha que a indústria Y, do ramo de comida congelada, queira estabelecer-se na África do Sul. É fundamental que seus executivos saibam qual a renda *per capita* do país e qual o potencial comprador das cidades onde se pretende implantar os principais pontos de venda. É importante saber também se existe ou não algum tipo de restrição, de natureza cultural ou religiosa, aos alimentos que produz. Na Índia, por exemplo, quem tentar vender hambúrguer de carne bovina fatalmente amargará prejuízo certo.

Contudo, essas informações ainda são insuficientes para definir se a África do Sul reúne as condições ideais para implantação da nova indústria. É preciso, portanto, sair em busca de novas fontes de informação. Nesse contexto, informações sobre os recursos hídricos do país são particularmente importantes. Relatórios da United Nations Environment Programme (Unep) informam-nos que a África do Sul tem sérios problemas gerados pela escassez de água, a ponto de ter de importá-la de países fronteiriços. Como a indústria Y consome muita água, qual seria o impacto desse componente no custo final do produto?

Se o tema é Educação e o texto é um folder sobre Encontro de Profissionais envolvidos com Treinamento a distância, cabe indicar com precisão:

- O que é o programa e a quem se destina.
- Qual o conteúdo programático e a duração total do encontro.
- Quem são os facilitadores e qual o currículo desses profissionais.
- Onde e quando será realizado o encontro.
- Que canais de comunicação foram disponibilizados ao público que desejar obter mais informações.
- Qual o valor cobrado, se existe ou não algum desconto para pagamento à vista, inscrição de mais de um participante ou qualquer outro tipo de situação diferenciada.

ESCOLHA O ESSENCIAL

Escolher o essencial significa:

- Privilegiar as ações. Descrições, diálogos e circunstâncias em que o fato ocorreu só devem ser transcritos quando forem relevantes para justificar, exemplificar ou demonstrar a procedência dos fatos.
- Destacar apenas experimentos, acontecimentos e situações que tragam contextualmente numerosas implicações.
- Reservar informações complementares e pormenores para apêndices e anexos.
- Utilizar ilustrações (quadros, tabelas, fotos, figuras etc.) para confirmar a procedência de um argumento ou de uma tese.
- Privilegiar os resultados em detrimento da descrição exaustiva dos meios utilizados para obtê-los.
- Produzir diferentes versões — mais sintéticas ou mais resumidas — em respeito ao conhecimento prévio e às necessidades informacionais do leitor.

Procure ainda:

- *Observar se o texto contém todas as informações necessárias para fechar a questão.*
- *Fazer um check-list e verificar se as informações respondem a todas as possíveis indagações que o leitor possa ter em mente.*

Confira o exemplo a seguir.

Exemplo 1

De: Samuel Mayer
Para: Antônio Santos
Subject: Treinamento em Business Writing
Senhor Antônio,

Recebemos, em 30 de abril, as informações sobre programa, metodologia e objetivos do curso de Business Writing, desenvolvido por sua Consultoria.

Apreciamos o detalhamento e, quanto a essa primeira etapa, nada mais há a acrescentar. Solicitamos que nos seja enviado — até dia 9 de maio — novo e-mail, com as seguintes informações:

- Currículo do consultor responsável pelo curso.
- Nome e telefone de três contatos de empresas para as quais o consultor já desenvolveu este programa.
- Valor do investimento relativo à prestação dos serviços.
- Duas datas disponíveis na agenda do consultor: uma para agosto; outra para outubro.

Se optarmos pela contratação dos serviços, daremos nossa resposta em cinco dias úteis, contados a partir do recebimento do novo e-mail.

Nessa correspondência, indicaremos período escolhido e número de participantes, além de fornecermos os dados sobre a Entergy, necessários à emissão de nota fiscal.

A partir de então, sua nova interface será Denise Johnson (tel.: 8928485890), responsável pela parte técnico-operacional de nossos eventos.

Atenciosamente,

SAMUEL MAYER
Gerente de RH

O texto incluiu toda a informação necessária para a tomada de decisões?
Respeitou-se a capacidade de assimilação e de retenção de informações do leitor?
Reservaram-se para os anexos as informações complementares? Observe:

Exemplo 2

De: Paulo Jordão
Para: Íris Albert
Subject: Escolha de cidade para a convenção anual de vendas

Senhora Íris,

Atendendo sua solicitação de 2 de março, temos a informar que esta gerência optou pela indicação da cidade de Foz do Iguaçu para a realização de nossa convenção anual de vendas.

Três fatores foram decisivos para a escolha:

- Vasta rede hoteleira. Pelo menos três hotéis dispõem de centro de treinamento e salões de convenções, com todo o equipamento de que vamos necessitar (o Anexo A apresenta informações mais detalhadas e fotos desses três locais).
- Preços acessíveis (ver, no Anexo B, quadro comparativo com tarifário de hotéis de mesmo padrão, localizados em Foz do Iguaçu, Rio de Janeiro e São Paulo).

- Completa infraestrutura turística (o Anexo C apresenta informações úteis sobre a cidade, além de endereços das operadoras locais para o serviço de recepção e traslado).

Oportuno lembrar, ainda, que grande parte dos inscritos vem da região Centro-Sul (ver, no Anexo D, o percentual de convencionais, identificados por região), o que implicará razoável redução de custos na compra de passagens aéreas.

Confirmada sua escolha, entraremos em contato com nossa agência de turismo para iniciarmos o processo.

Cordialmente,

PAULO JORDÃO
Gerente de RH

CONCISÃO

Conciso é o texto que consegue transmitir o máximo de informações com um mínimo de palavras. Para que se obtenha concisão, é fundamental que se tenha, além de conhecimento do assunto, o necessário tempo para revisar o texto depois de pronto.

É nessa releitura que muitas vezes se percebem eventuais redundâncias ou repetições desnecessárias de ideias.

O esforço de sermos concisos atende, basicamente, ao princípio de economia linguística, que consiste em empregar o mínimo de palavras para informar o máximo. Não se deve de forma alguma entendê-lo como economia de pensamento, isto é, não se devem eliminar passagens substanciais do texto no afã de reduzi-lo em tamanho. Trata-se exclusivamente de cortar palavras inúteis, redundâncias, passagens que nada acrescentem ao que já foi dito (MENDES, 2002).

Aliada à homogeneidade e à especificidade, a concisão será a grande responsável pelo toque final, que vai conduzir o texto à objetividade.

Seguem algumas dicas para enxugar o texto:

1. Procure tornar a informação mais visual. Utilize, para tanto, quadros, tabelas e figuras. Muitas vezes ilustrações funcionam melhor do que texto corrido. Dispor as informações de maneira analógica é importante fator de concisão.

- Texto corrido

    O exame médico está marcado para o dia 15 de maio, sexta-feira, e os funcionários foram reunidos por setor, para facilitar o atendimento.

    O horário é: Comercial e Financeiro, das 9h às 12h e Industrial, das 15h às 18h. O Administrativo fará seu exame no mesmo dia, no horário das 12h às 15h. Por estarmos em época de balanço, o pessoal da Contabilidade está liberado. Informações complementares com Sílvia (ramal xxxx), no DP.

- Texto com tratamento visual

    Exame Médico para os Funcionários da Empresa

    O exame médico está marcado para o dia 15 de maio, sexta-feira.

    Para facilitar o atendimento, os funcionários serão reunidos por setor, conforme quadro a seguir.

Setor	Horário
Comercial	9h às 11h
Financeiro	11h às 13h
Administrativo	13h às 15h
Industrial	15h às 17h

Atenção: A área de Contabilidade está liberada do exame.

Para informações complementares, falar com Sílvia (Ramal xxx), no DP.

2. Procure usar expressões sintéticas. Na maioria das vezes, uma palavra diz o mesmo que duas ou três juntas.

    Observe:
    - ***Durante o ano de** 2011, esperamos mudanças significativas...* (**Em** 2011)
    - *As multas foram aplicadas **de acordo com** a legislação.* (**conforme** a legislação)
    - *Em atendimento à solicitação da procuradoria...* (**Atendendo** solicitação)
    - ***Servimo-nos do presente para informar que...*** (**Informamos** que)
    - *Solicitamos **efetuar a cobrança** dos débitos abaixo discriminados, para que possamos...* (**cobrar**)
    - *Assim que **dermos início ao** levantamento de necessidades...*(Assim que **iniciarmos o**)

- A queda observada é *de tal magnitude* que... (tamanha)
3. Evite, a todo custo, as repetições viciosas de ideia, capazes de afetar sua credibilidade como comunicador.

   Observe:
   - *O advogado afirma ter pleno conhecimento de todos os fatos.*
   - *Solicitamos* **manter as mesmas** *condições de faturamento.*
   - *Diante do exposto,* **concluímos finalmente** *que o réu tem toda a razão.*
   - *Faltam* **elos de ligação** *entre vários setores da Empresa.*
   - *Foi uma* **surpresa inesperada** *saber que você foi promovido.*
   - *A Câmara* **municipal de vereadores** *do município X decidiu votar pelo impeachment do prefeito.*
   - *É, portanto, crime contra o* **erário público** *não repassar ao Estado...*
   - *Deve-se fazer a análise prévia dos documentos dos licitantes antes da realização do pregão eletrônico.*

4. Elimine os *quês*
   - Importante ressaltar que as cláusulas **que podem ser alteradas**... (**alteráveis**)
   - A prolixidade desses relatórios é problema **que se prolonga por muito tempo. (crônico)**
   - Na nota ARH, apresentamos a pesquisa **que foi feita** em outras empresas **que possuem** programas de capacitação **que se assemelham** aos nossos. (Na nota ARH, apresentamos a pesquisa **feita** em outras empresas **com** programas de capacitação **semelhantes** aos nossos).

5. Cuidado com a adjetivação desnecessária. O texto cresce e a informação se afasta da realidade. Em vez de fatos, passamos a ter juízos de valor. Apresente os fatos e deixe o leitor chegar às próprias conclusões.

   Em vez de:

   Demonstrando seu caráter volúvel, o vereador Jair dos Santos mudou novamente de partido.

   Escreva:

   O vereador Jair dos Santos abandonou o POP e ingressou no PPN. É a quinta vez em dois anos que o parlamentar muda de partido.

   Em vez de:

   O setor visitado é uma desorganização geral, que vai da impontualidade dos funcionários até a incompetência no arquivamento de documentos.

Escreva:
A reunião foi agendada para às 9h. Entretanto, nenhum funcionário estava presente no horário combinado, razão pela qual só pudemos iniciar o trabalho às 10h28min. Quanto aos oito documentos solicitados, três deles não foram encontrados.

Sugestão de Atividade 6

Os trechos a seguir constituem relatório-padrão de auditoria.
Sua tarefa será reescrever esse relatório e eliminar o que for inútil.
Lembre-se de que agora a prioridade não é buscar redação inteiramente distinta da original. As alterações visam tão somente "enxugar" o texto e cortar palavras inúteis, privilegiando a informação.
Observe o modelo.

MODELO

Antes
Compras / Contratações de serviços
Analisamos exaustivamente este item e constatamos, após longos e laboriosos estudos, que os procedimentos adotados, no decorrer do processamento das despesas, estão de acordo com a legislação ora em vigor.

Depois
Compras / Contratações de serviços
Os procedimentos adotados no processamento das despesas estão conforme a legislação.

Agora é com você.
Bom trabalho!

Relatório de Auditoria
1. Em cumprimento aos termos da Ordem de Serviço 67/00, de 17/2/09, e de acordo com o Programa de Auditoria aprovado, apresentamos o resultado dos exames realizados nas contas do Fundo a seguir referenciado.
2. Os exames foram realizados por amostragem, na extensão julgada necessária nas circunstâncias, de acordo com as normas de auditoria aplicáveis, incluindo verificação da documentação comprobatória dos registros contábeis.
3. Nenhuma restrição nos foi imposta quanto ao método e à extensão dos trabalhos, tendo sido facilitado o acesso aos documentos e às informações julgadas necessárias.
4. Em nossa opinião, a Prestação de Contas acima mencionada representa, adequadamente, a posição econômica, financeira e patrimonial do referido Órgão.
5. Despesas
A administração orçamentária e financeira do Órgão é regida pela Lei Federal 4.320/64 e demais dispositivos legais que lhe são aplicáveis.

Até a data de 31/12/10 foram realizadas despesas no valor total de R$ 700.874,20 (setecentos mil, oitocentos e setenta e quatro reais e vinte centavos).
6. Receitas
As receitas auferidas pela Entidade, até 31/12/10, atingiram o total de R$ 616.575,76 (seiscentos e dezesseis mil, quinhentos e setenta e cinco reais e setenta e seis centavos).
7. Bens móveis
Examinamos as operações relativas a esta área e constatamos que todos os bens móveis estão devidamente tombados e com suas respectivas fichas individuais de identificação.
8. Controle e manutenção de veículos
Verificamos que os procedimentos com relação ao controle e à manutenção dos veículos estão regulares.

A SEXTA VIRTUDE: CLAREZA

No campo da escrita técnica, muitos redatores ainda hesitam em concentrar seus esforços na produção de textos claros e objetivos.

Quem pensa assim alega que seus escritos passarão inevitavelmente pelo crivo de seus pares e, como tal, escrever com simplicidade poderia ser considerado prova de incompetência técnica, verdadeiro insulto à inteligência daqueles que dominam a terminologia específica a determinada área de conhecimento.

Partindo dessa linha de raciocínio, escolher construções gramaticais pouco usuais, redigir períodos longos, fazer citações extensas — de preferência em outros idiomas — e utilizar muito jargão técnico consistiriam em prova inconteste e irrefutável da mais alta qualificação profissional.

Como se pode perceber, o problema da adequação de linguagem tornou-se o calcanhar de aquiles de vastos setores da sociedade.

Veja, por exemplo, o que acontece na área jurídica.

Por uma questão cultural, a linguagem forense tornou-se prolixa, hermética e profusa em jargões e tecnicismos; o que pode, em última análise, ser uma das causas da tão criticada lerdeza da Justiça.

Ocorre que a Internet abriu de vez a caixa-preta, permitindo à sociedade o livre acesso a informações antes reservadas a uma casta constituída unicamente por profissionais da área jurídica.

Se antes a comunicação era segmentada, hoje, mais do que nunca, é necessário desenvolver novas *expertises*, de maneira a atingir público bem mais abrangente, exigente e diversificado.

Partindo dessa premissa, vem-se revalorizando o antigo paradigma neoclássico: *inutilia truncat* (corte o que é inútil).

Não há mais espaço para expressões do tipo *peça exordial, peça vestibular, peça preambular* e outras extravagâncias vernaculares. O termo *petição inicial* deve ser o escolhido, por ser bem mais simples e de compreensão imediata.

> Este é o novo segredo da arte:
> Ser simples, sem ser simplório; ser técnico, sem ser tecnicista.

Escrever com clareza implica:

- Facilitar a um número maior de leitores o acesso à informação.
- Evitar "ruídos" indesejáveis, resultantes do emprego excessivo de jargões e de termos técnicos.
- Reduzir o tempo que o leitor — técnico ou leigo — terá forçosamente que despender para a compreensão do que está sendo enunciado.
- Permitir que o leitor chegue mais rapidamente à compreensão dos resultados pretendidos.

DICAS PARA OBTER CLAREZA

1. **Como obter clareza na produção do texto**
    a) Mantenha a ordem direta (sujeito + verbo + complemento), evitando assim que o leitor seja obrigado a fazer malabarismos para reorganizar mentalmente o que está sendo dito.
    ERRADO
    Foi a UNIK que introduziu na América Latina — de 2001 até hoje foram realizados sobre o assunto mais de 1.200 seminários — um esquema, por meio de convênios firmados com organismos correspondentes de outros países — o que garante o mais amplo reconhecimento internacional — para a certificação dos Sistemas, mediante o qual se outorga a certificação UNIK, de Qualidade a Empresas, desenvolvido segundo as normas ISO.
    CERTO
    A UNIK introduziu na América Latina um esquema para a certificação dos Sistemas de Qualidade a Empresas, desenvolvido segundo as normas ISO.
    Convênios firmados com organismos correspondentes de outros países garantem o mais amplo reconhecimento internacional à certificação UNIK.
    De 2001 até hoje, já foram realizados mais de 1.200 seminários sobre o assunto.

b) Disponha informações em ordem lógica.

NÃO USE:

Coloque o disquete após ter ligado o computador.

USE:

Ligue o computador e coloque o disquete.

c) Separe ações e procedimentos distintos em parágrafos distintos.

ERRADO

Lembramos às Unidades que, quando da aceitação de postagem de objetos, seja observada a existência de endereço completo do remetente, sendo que este deverá ser anotado no verso ou vir impresso no ângulo superior esquerdo do anverso do envelope (ver figura anexa), pois, na impossibilidade da entrega da correspondência ao destinatário, a falta deste procedimento impede a sua devolução.

CERTO

Quando da aceitação da postagem de objetos, as Unidades devem observar se o endereço do remetente está correto.

O endereço deve ser anotado no verso ou então vir impresso no anverso do envelope, no espaço destinado ao remetente (ver figura anexa).

Se não observarmos o procedimento correto, torna-se praticamente impossível a devolução da correspondência ao remetente.

2. **Como obter clareza na apresentação de imagens**
   a) Apresente figuras da maneira mais simples. Dispor muito texto ao redor ou inclinar fotos/figuras são recursos que simplesmente não funcionam.

Errado

Certo

b) Utilize legendas para complementar figuras, acrescentando, assim, informações que permitam entender melhor o que está sendo mostrado.

Errado

Certo

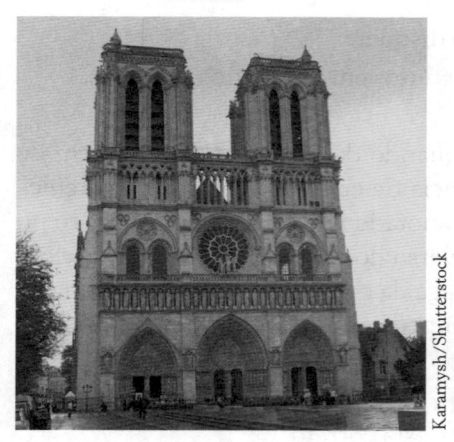

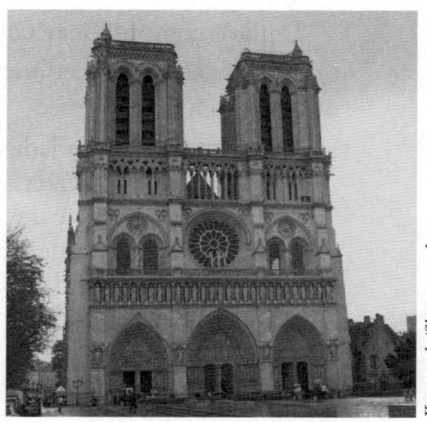

Figura 1.1 – Catedral.

Figura 1.2 – Catedral de Notre-Dame, Paris. Obra marcante por seu original estilo gótico.

Uma boa legenda "lê" a figura, direciona a informação e evita a possibilidade de outras interpretações.

3. **Como obter clareza no emprego de recursos gráficos**
   a) Utilize caracteres serifados (fontes Times New Roman e **Book Antiqua** são bons exemplos) em textos que comportem muitos parágrafos.
   N Serif Type N No Serif Type
   b) Reserve caracteres não serifados (fontes **Arial**, **Tahoma** e **Verdana** são bons exemplos) para títulos ou textos difundidos pela Internet.
   COMO ESCREVER TEXTOS TÉCNICOS
   c) Aumente o tamanho de fonte, use cor ou negrito para realçar partes do texto, principalmente em Manuais do Usuário e textos afins. Se houver destaques no texto, use itálico claro em vez de negrito, para não deixar o visual "pesado".
   d) Nos textos técnicos em geral, recomenda-se usar tamanho 12 para corpo de texto, 11 para citações e 10 para notas de rodapé.

Por apresentarem margem direita irregular, textos não justificados permitem ao leitor repousar os olhos no fim de cada linha e obter um ponto de referência para leitura da linha seguinte — o que imprime maior velocidade à leitura.

No entanto, não há como negar que textos justificados impõem aparência de maior seriedade e organização; daí o porquê de ser essa a opção comumente adotada pelo redator técnico.

Sugestão de Atividade 7

Exercício de Reescritura

Os quatro trechos a serem modificados são herméticos e praticamente ininteligíveis. Para que você possa melhorá-los, detectamos a falha geradora do "ruído" e apontamos a melhor saída para eliminá-lo.

Reescreva os trechos a seguir, de maneira a torná-los mais claros e comunicativos, transparentes e compreensíveis.

Problema um

Muito palavreado inútil compromete a clareza do texto. Seja objetivo no trato das informações, eliminando trechos perfeitamente dispensáveis.

Em vez de
Há previsão, no edital, de que a subcomissão técnica reavaliará a pontuação atribuída a um quesito sempre que a diferença entre a maior e a menor pontuação for superior a 20% da pontuação máxima do quesito, com o fim de restabelecer o equilíbrio das pontuações atribuídas, de conformidade com os critérios objetivos postos no instrumento convocatório?

Escreva

_____

_____

_____

_____

_____

_____

_____

_____

Problema dois

Excessivo distanciamento verbo-sujeito gera inevitáveis problemas de concordância, além de dificuldades quanto à compreensão do que está sendo dito. A melhor saída é reordenar as palavras na frase, de maneira a preservar a ordem direta.

Em vez de

O projeto assegura que o impacto socioeconômico àqueles que tiveram seus bens desapropriados em razão da criação das Unidades de Conservação sejam solucionados de forma rápida, impedindo que fiquem durante anos os mesmos aguardando a justa reparação.

Escreva
_____
_____
_____
_____
_____
_____

Problema três
Períodos excessivamente longos, resultantes do abuso do gerúndio, geram trechos de difícil compreensão. A melhor saída é "enxugar" o texto, eliminar os gerúndios e preservar a relação causa/efeito.

Em vez de
A falta de um adequado acompanhamento dos procedimentos de segurança operacional, aumenta os riscos inerentes a atividade de carregamento, expondo funcionários e terceiros ao risco de sinistro, possibilitando prejuízos financeiros e na imagem da Cia.

Escreva
_____
_____
_____
_____
_____
_____

Problema quatro
Evitar rebuscamentos de linguagem pode ser excelente política de boa vizinhança com o leitor. A única saída é simplesmente eliminar palavras de compreensão difícil — e até mesmo duvidosa — em favor do termo mais comum.

Em vez de
Ao circularizarmos diversos fornecedores que transacionaram com nossa Empresa em períodos transatos, todas encontram-se em ordem com o Fisco Federal.

PARTE I – O QUE TODO COMUNICADOR PRECISA SABER   35

Escreva

_____
_____
_____
_____
_____
_____
_____

Em vez de
Saliento que os ajustes referentes à compatibilização das propostas pesquisadas e os preços planilhados referem-se a aperfeiçoamentos do presente Projeto Básico, sendo que o Jurisdicionado encaminhou todos os elementos que possibilitaram o perfeito entendimento por esta Corte de Contas da sistemática de preços adotada e os procedimentos necessários ao aperfeiçoamento do presente Edital, não sendo necessários novos elementos para a análise conclusiva dos procedimentos pertinentes.

Escreva

_____
_____
_____
_____
_____
_____
_____

DICAS DE SUCESSO

1. Não obrigue o leitor a ter de adivinhar o que você quer dizer. Caso tenha que fazê-lo, o resultado pode ser desastroso.

   Observe os dois exemplos a seguir.

   Exemplo 1

   Houve algumas deliberações em 2008, poucas em 2009 e quase nada em 2010.

   Por esses fatos, temos que reconhecer a ineficácia da atuação do Conselho Municipal de Educação.

Comentário: Não há números precisos que permitam ao leitor avaliar a procedência ou não do julgamento que se faz à atuação do Conselho Municipal de Educação. Além do mais, qual o parâmetro a ser considerado para julgar se as deliberações anuais atendem aos requisitos necessários? O que o redator entende por número ideal de deliberações? Qual a fonte onde podem ser encontrados esses padrões de referência?

Exemplo 2

Quanto aos leitos hospitalares, a cidade Z possui quatro hospitais, sendo dois filantrópicos e dois particulares:

- ISCM — 316 leitos, sendo 30 para UTI. Desse total, 218 são destinados à rede pública.
- Sociedade Operária — 74 leitos, sendo 33 destinados à rede pública.
- Green Cross — 78 leitos.
- Saint James — 45 leitos.

Comentário: Quando se trabalha com números, a melhor saída é dispor as informações de maneira analógica, o que certamente permite ao leitor uma correta visão do todo.

Criar um quadro é, portanto, o procedimento recomendável.

Entretanto, faltam dados para a montagem desse quadro, conforme se pode observar a seguir.

Quadro 2.1 – Rede hospitalar da cidade Z

HOSPITAL	LEITOS DISPONÍVEIS	DESTINADOS AO SUS	RESERVADOS PARA UTI
ISCM (Filantrópico)	316	218	30
Sociedade Operária (Filantrópico)	74	33	?
Green Cross (Particular)	78	?	?
Saint James	45	?	?
Total	513	?	?

A disposição das informações permite-nos supor que ISCM e Sociedade Operária sejam entidades filantrópicas, enquanto Green Cross e Saint James seriam hospitais particulares. Então, será que apenas o ISCM possui leitos reservados para UTI? Os pacientes não conveniados das entidades filantrópicas pagam pelos serviços? De onde provêm essas informações?

2. Faça que seu texto se transforme em um bom guia para tomada de decisões. Caso necessário, não tema ser repetitivo. Se você está expondo um ponto de vista, argumentando ou simplesmente partilhando informações, redija cada parágrafo de tal forma que:

- A ideia central inicie o parágrafo.
- As frases seguintes sejam enunciadas para explicar, exemplificar ou ampliar a ideia central já explicitada.
- A frase final enfatize ou traga alguma consequência importante relativamente à ideia central.

É oportuno ainda lembrar que novos parágrafos devem apresentar relação de sentido com parágrafos precedentes (princípio da **coesão textual**).

Muitas vezes, essa ligação com o todo pode ser obtida mediante a inserção de elementos do tipo: **logo, portanto, por outro lado, pelo mesmo motivo, para tanto, consequentemente, vale ainda lembrar** e termos e expressões correlatas.

Observe:
Faça mais cedo o seu *check-in* e viaje tranquilo.
A tragédia ocorrida no World Trade Center despertou a consciência mundial de que os mecanismos de segurança ainda são frágeis para combater o terrorismo.

Exatamente por isso, as polícias estão sendo mais bem treinadas e equipadas, os sistemas eletrônicos de segurança estão sendo permanentemente checados e os governos estão criando mais restrições à livre entrada e saída de estrangeiros.

Pelo mesmo motivo, reforçou-se a segurança nos aeroportos, o que tem provocado inevitáveis transtornos aos passageiros que fazem viagens internacionais. Há muito mais filas no *check-in*, a verificação de passaportes é mais rigorosa e a inspeção de bagagens, mais demorada.

Consequentemente, não há como garantir que uma hora de antecedência seja tempo suficiente para que o passageiro possa cumprir todos os trâmites legais.

Sua viagem para Nova York está marcada para o dia 5 de março, às 22h, no voo 767, da Amerilines.

Para evitar contratempos, solicitamos seu comparecimento ao aeroporto às 20h (duas horas antes do horário previsto para a decolagem). **Dessa forma**, o senhor viajará com muito mais segurança e tranquilidade.

Boa Viagem!

3. Fuja do supérfluo! Não atormente o leitor com bobagens, que só vão irritá-lo e desviá-lo do foco da mensagem.

Em vez de:

O Centro de Pesquisa ainda não está totalmente informatizado, estando disponíveis no momento 18 micros e 11 impressoras, o que, segundo informação dos diretores responsáveis, é ainda insuficiente para atender às necessidades dos pesquisadores. A Unidade acessa a Internet, assina algumas publicações científicas e não utiliza cartuchos coloridos para impressão.

Escreva:

O Centro de Pesquisa dispõe de apenas 18 microcomputadores e 11 impressoras. Esses equipamentos são insuficientes para atender às necessidades dos pesquisadores.

Em vez de:

Os dois procedimentos mais frequentes continuam a ser o parto normal (1º) e a cesariana (2º), sendo que houve um aumento significativo na quantidade de procedimentos (aproximadamente 15% de partos normais e 19% de cesarianas).
Nos dois períodos manteve-se uma proporção de aproximadamente 70% de partos normais, contra 30% de cesarianas. Quanto aos valores pagos, observa-se um grande aumento (100%) em ambos os procedimentos.

Escreva:

Os procedimentos mais frequentes continuam sendo parto normal e cesariana (em cada dez partos, sete são partos normais e três, cesarianas). Embora o número de atendimentos não tenha crescido significativamente (15% para partos normais e 19% para cesarianas), os valores pagos cresceram 100% em ambos os procedimentos.

Em vez de:

Existe demanda reprimida em algumas especialidades. Nas Unidades Básicas, existe espera de 15 dias para consultas de Oncologia em determinadas unidades, em outras o mesmo espaço de tempo para consultas de Obstetrícia, e em outras ainda a espera ocorre em relação à Clínica Médica e Pediatria. No Ambulatório de Especialidades, existe apenas um banheiro para ambos os sexos e as consultas para Otorrino e Oftalmo podem demandar espera de até dois meses.

Escreva:

Existe demanda reprimida em algumas especialidades. Para consultas em oncologia, obstetrícia, clínica médica e pediatria, a espera é de 15 dias em várias unidades. Para otorrino e oftalmo, a espera pode chegar a até dois meses.

TESTE SUAS HABILIDADES

Leia atentamente os textos a seguir e indique a sequência correta.
Estes textos comunicam?

1. Sim. Mas não a todos. Se o leitor dispuser do conhecimento técnico necessário à compreensão, o texto comunica.
2. Não. Antes de mais nada, o autor se preocupa em "vender" imagem de erudição, em vez de externar objetivamente seu pensamento.
3. Sim. O autor dispôs as informações de forma clara e objetiva e evitou problemas de comunicação gerados pelo uso de terminologia técnica.
4. Não. O autor não trabalhou adequadamente a especificidade, o que gerou dificuldades para a compreensão do enunciado.

( ) **Texto 1**
O problema já foi discutido em várias reuniões. Realmente, tem havido dificuldades em atualizar informações, até porque a capacidade operacional oferecida pela Entidade tem sofrido variações sazonais.

( ) **Texto 2**
Conquanto a utilização destes lugares não seja interdita, V.Sa. pode fazer plena utilização dos mesmos, desde que não haja a presença de senhoras portando crianças de colo ou em estádio de gestação, pessoas idosas ou em estado comprovado de senilidade mental, paraplégicos e todo e qualquer cidadão momentaneamente incapacitado de deambular normalmente pela composição, conforme consignado em legislação pertinente.

( ) **Texto 3**
Durante a modificação no sistema da gaveta 1.2, referente ao sistema de ventilação forçada do recinto dos anéis coletores, ocorreu choque acidental da tampa da canaleta como acionador manual do contadorK1SR (referente à proteção do disjuntor 52.1), causando a operação do bloqueio 86 do UMCC.

( ) **Texto 4**
Empresas de sucesso já perceberam que o ambiente de marketing apresenta oportunidades e ameaças geradas por contínuas mudanças de comportamento da sociedade. Administradores de marketing devem ter a percepção necessária para rastrear tendências e identificar oportunidades.

Se você considerou 4, 2, 1 e 3 como a sequência correta, parabéns!

PREPARATIVOS PARA UMA COMUNICAÇÃO EFICAZ

PARTE

2

APRIMORANDO A FORMA

O filósofo Bertrand Russel, no artigo "A Responsabilidade Social do Cientista", registra que a separação entre o cientista e o humanista só se deu a partir da Revolução Industrial, no século XIX. Desde então, ao longo de um breve período da História, o homem de ciência passou a ser visto como um ser à parte, que conservava intactos seus mistérios e cujo conhecimento era visto como algo incompreensível e distante das preocupações mundanas e imediatistas da sociedade.

Faz algum sentido essa separação? Por que isolar a atividade do cientista, se o que nos rodeia — e nos proporciona conforto e bem-estar — só existe, no final das contas, graças ao trabalho do homem de ciência? Por que temer seus escritos se, em última análise, sabemos que o trabalho do cientista vai resultar na geração e melhoria de produtos e serviços que só vão tornar nossa existência mais confortável?

É bem verdade que certa postura de detentor do saber e de dono da verdade resultou em indesejável hermetismo na produção textual, o que só fez aumentar a desconfiança e aprofundar o isolamento. Entretanto, esse quadro vem apresentando mudanças auspiciosas e significativas, graças aos esforços que se têm feito no sentido de melhorar a qualidade dos escritos técnicos e torná-los mais acessíveis a público não especializado.

Produzir um layout atraente, manter uniformidade no uso de fontes, organizar as informações em seções e subseções, reservar dados acessórios para anexos, notas de página, notas de rodapé ou de fim de seção, dispor adequadamente ilustrações ao longo do texto, criar índice, sumário e resumo executivo. Esses são alguns dos procedimentos formais capazes de aumentar a clareza e legibilidade do que vai ser produzido.

Nesse contexto, um editor de texto rico em recursos e com uma interface amigável tornou-se ferramenta imprescindível para produzir textos técnicos sintonizados com as expectativas de qualquer leitor, do mais simples ao mais exigente. Conhecer os benefícios e vantagens proporcionados pelo editor de textos e saber usar esses recursos com bom-senso e equilíbrio representa meio caminho andado para realizar, rápida e eficientemente, um excelente trabalho de produção de textos técnicos.

Dos editores de texto hoje disponíveis no mercado, optamos pelo Office 2010, da Microsoft®, uma vez que sua interface inteligente permite ao usuário usufruir com rapidez e facilidade de todos os recursos indispensáveis à produção de textos.

CUIDE DA ORGANIZAÇÃO DOS ORIGINAIS

Diferentemente de outros tipos de texto, a estrutura do texto técnico deve ser uniforme. Há normas nacionais e internacionais que determinam, por exemplo, em que circunstâncias um texto deve conter sumário, como e quando redigir um abstract, um prefácio e uma introdução e o que deve constar nos anexos.

Nesses textos normativos, especifica-se como fazer definições e representar expressões matemáticas e valores numéricos, qual a maneira correta de numerar capítulos, seções, subseções e anexos, onde deve estar localizado o título de uma tabela ou de uma figura, a partir de que página deve constar numeração e assim por diante.

Cabe ao redator respeitar essa padronização, em obediência aos princípios da clareza, da objetividade, da formalidade e da homogeneidade, que devem nortear todo trabalho técnico.

Nas páginas a seguir, você encontrará todas as informações necessárias para que seu texto seja produzido conforme os padrões nacional e internacional em vigor. Para tanto, servimo-nos dos seguintes documentos elaborados pela Associação Brasileira de Normas Técnicas (ABNT):

- NBR 6023 – Informação e documentação: referências: elaboração.
- NBR 6024 – Informação e documentação: numeração progressiva das seções de um documento escrito: apresentação.
- NBR 6027 – Informação e documentação: sumário: apresentação.
- NBR 6028 – Informação e documentação: resumo: apresentação.
- NBR 10520 – Informação e documentação: citações em documentos: apresentação.
- NBR 14724 – Informação e documentação: trabalhos acadêmicos: apresentação.

Não custa nada lembrar que texto bem-organizado é reflexo de pensamento bem-estruturado.

> Leitor de texto técnico detesta entrar em casa desarrumada.

O PASSO A PASSO PARA ORGANIZAR OS ORIGINAIS

DEFINA AS MARGENS, A DISPOSIÇÃO E A DIMENSÃO DA PÁGINA

Inicie o editor de texto.

1. Selecione a aba **Layout da página**.
2. Para configurar as margens, clique em **Margens**.
3. Clique depois em **Normal**.

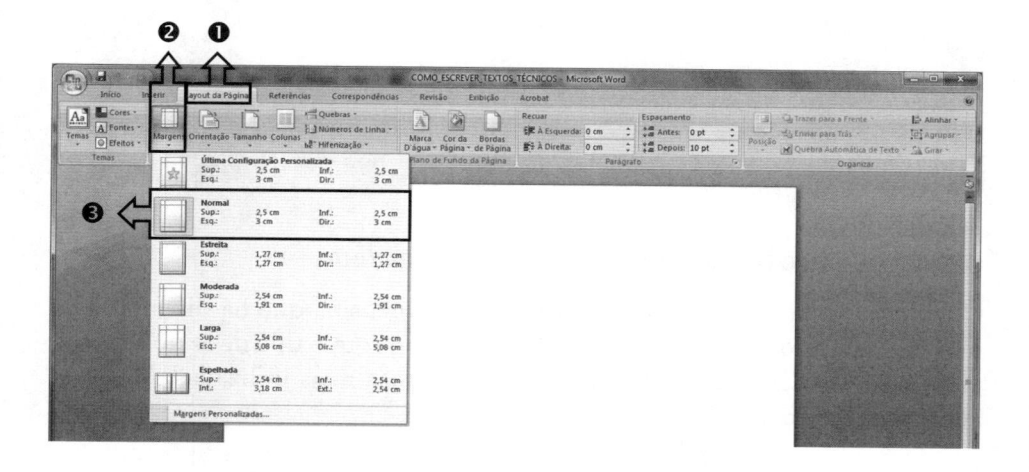

Para definir a disposição da página, ainda na aba **Layout da página**,

1. Clique em **Orientação**.
2. Clique depois em **Retrato**.

Para determinar as dimensões da página,

1. Clique agora em *Tamanho*.
2. Clique depois em *A4*.

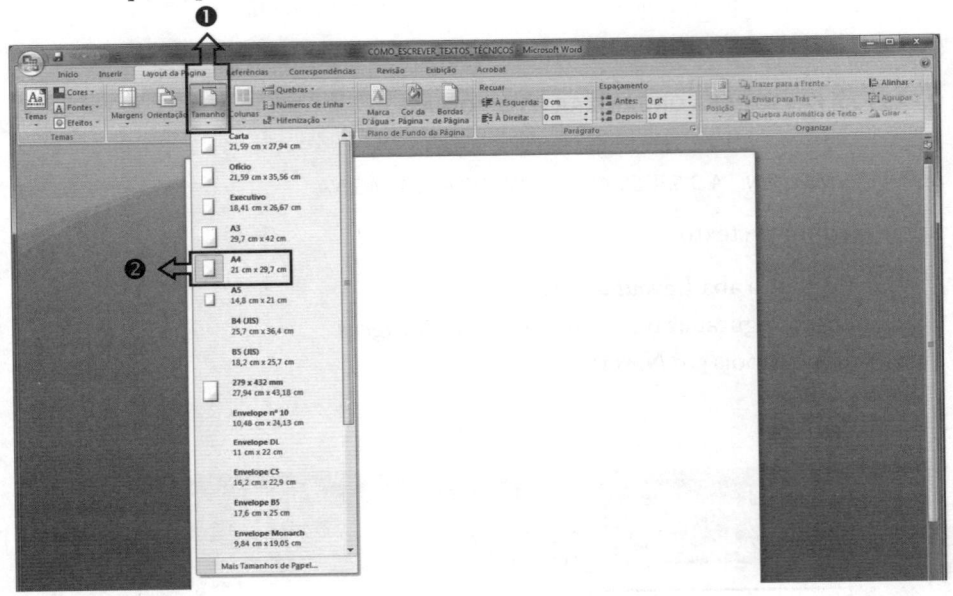

CONFIGURE O TIPO DE PARÁGRAFO E O ESPAÇO ENTRE LINHAS

O *designer* Euniciano Martin Hernandez (1983) ensina que há distintas formas de parágrafo que devem ser usadas de acordo com o tipo de texto que nos propomos a redigir. Em textos técnicos, as formas mais utilizadas são duas: "ordinária" e "inglesa".

Ordinária	Inglesa
As palavras são traiçoeiras, difíceis de controlar. Estão sempre dispostas a nos deixar numa tremenda "saia justa". Só que não há como evitar esse embate. O emprego da tal palavra exata é fundamental para a clareza, concisão e objetividade.	As palavras são traiçoeiras, difíceis de controlar. Estão sempre dispostas a nos deixar numa tremenda "saia justa". Só que não há como evitar esse embate. O emprego da tal palavra exata é fundamental para a clareza, concisão e objetividade.
Sem esse cuidado, o texto perde a precisão no sentido, a unidade na estrutura e a coerência nas ideias. Ou seja: todo o esforço para a produção de um bom texto vai por água abaixo.	Sem esse cuidado, o texto perde a precisão no sentido, a unidade na estrutura e a coerência nas ideias. Ou seja: todo o esforço para a produção de um bom texto vai por água abaixo.

Em ambas as formas, deve-se priorizar o modo *Justificado*. Elas diferem em dois aspectos: a necessidade de um recuo, que deve ser de 1,25cm, no início do parágrafo ordinário e o uso de um *enter* entre os parágrafos ingleses.

CONFIGURE O PARÁGRAFO INGLÊS

1. Selecione a aba *Página Inicial.*
2. Clique no ícone ▣ (expandir caixa), do lado direito de *Parágrafo.*
3. Em *Geral / Alinhamento*, selecione a forma *Justificada.*
4. Em *Espaçamento/Espaçamento entre as linhas*, marque *1,5 linhas.*
5. Clique *OK.*

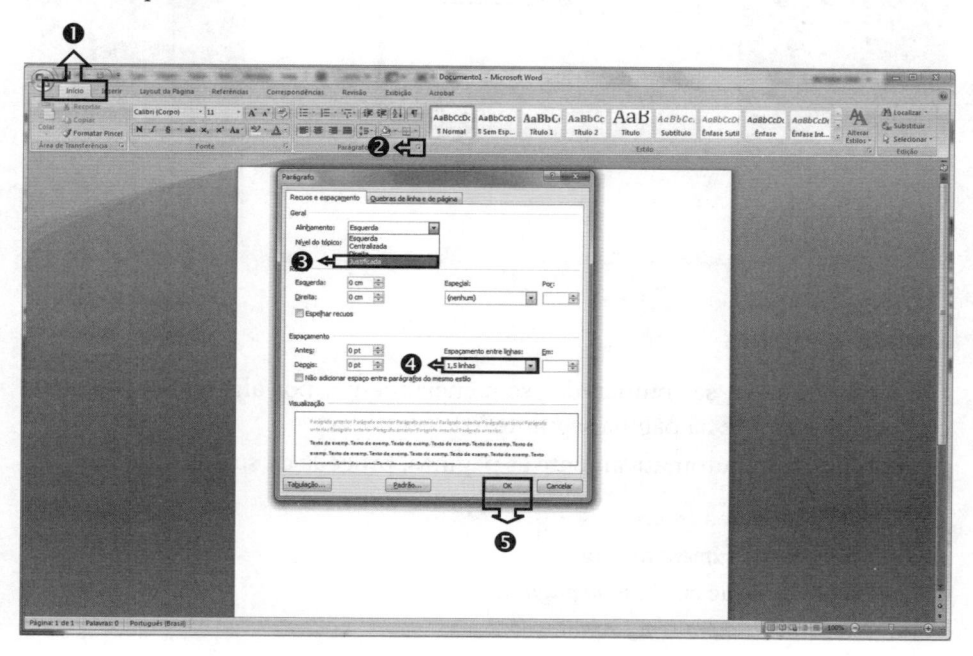

CONFIGURE O PARÁGRAFO ORDINÁRIO

1. Selecione a aba *Página Inicial.*
2. Clique no ícone (expandir caixa), do lado direito de *Parágrafo.*
3. Em *Geral / Alinhamento,* selecione a forma *Justificada.*
4. Agora, *em Recuo/Especial,* escolha *Primeira Linha.*
5. Em *Espaçamento/Espaçamento entre as linhas*, marque *1,5 linhas.*
6. Clique *OK.*

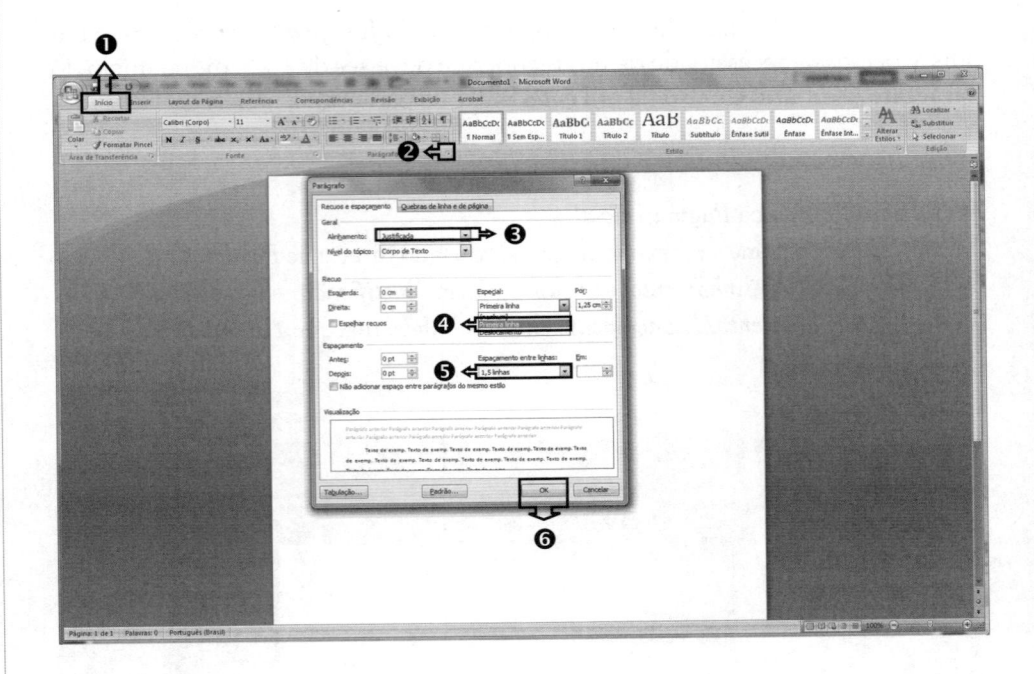

NUMERE AS PÁGINAS

As páginas devem ser numeradas sequencialmente, por algarismos arábicos, começando sempre na página seguinte à do Sumário.

Para numerar automaticamente as páginas, proceda da seguinte forma:

1. Selecione a aba *Inserir*.
2. Clique em *Número de página*.
3. Depois, clique em *Fim de página*.
4. Marque *Número sem formatação 2*.

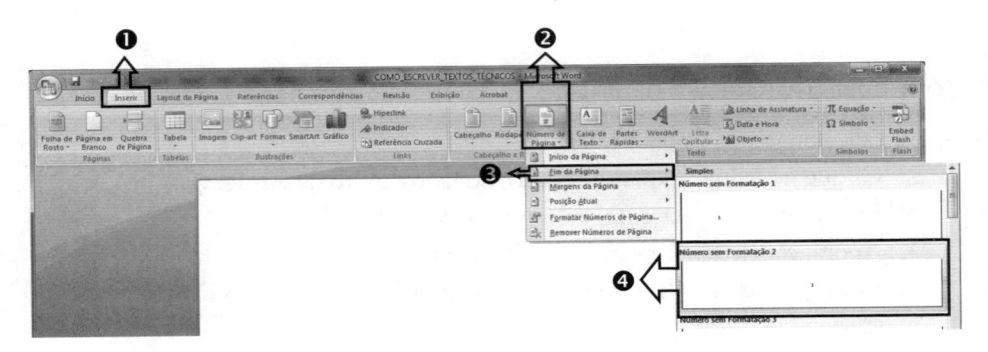

Para definir o tipo de algarismo com que a numeração de página deve iniciar-se, proceda da seguinte forma:
1. Na aba *Inserir*, clique em *Número de página*.
2. Depois, clique em *Formatar número de página*.

Na janela *Formatar número de página:*

3. Selecione em *Formato de número* a sequência *1, 2, 3...*
4. Marque *Iniciar em* e indique o algarismo que deve iniciar a numeração da página.
5. Clique em *OK*.

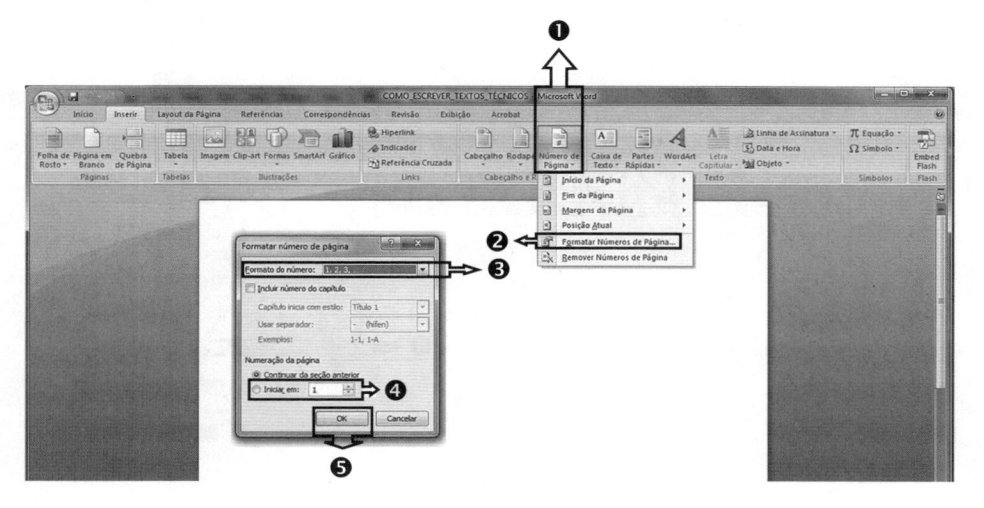

DEFINA O ESTILO

Definir o estilo do texto é a maneira mais rápida, prática e eficiente de planejar, organizar, produzir e gerenciar documentos longos e complexos. O processo consiste em inserir, passo a passo, os títulos e subtítulos que vão compor o texto principal. Graças a esse recurso, o editor de texto poderá "ler e entender" como o redator organizou o documento — quais títulos são seções, quais são subseções, quais indicam enumerações ou legendas de ilustração, quais parágrafos formam o corpo de texto e assim por diante.

Se o texto estiver organizado no modo Estilo, o autor pode automaticamente: numerar seções, subseções e fazer enumerações; montar sumário, índice remissivo e lista de ilustrações.

CONFIGURE O ESTILO

Proceda da seguinte forma:

1. Selecione a aba *Página inicial*.
2. Clique em *Alterar o estilo*.
3. Clique depois em *Conjunto de estilos*.

O Word® 2010 oferece ao usuário 14 tipos diferentes de estilo. Para selecionar o que mais convier a seu texto,

4. Marque o estilo escolhido.
5. Clique em *OK*.

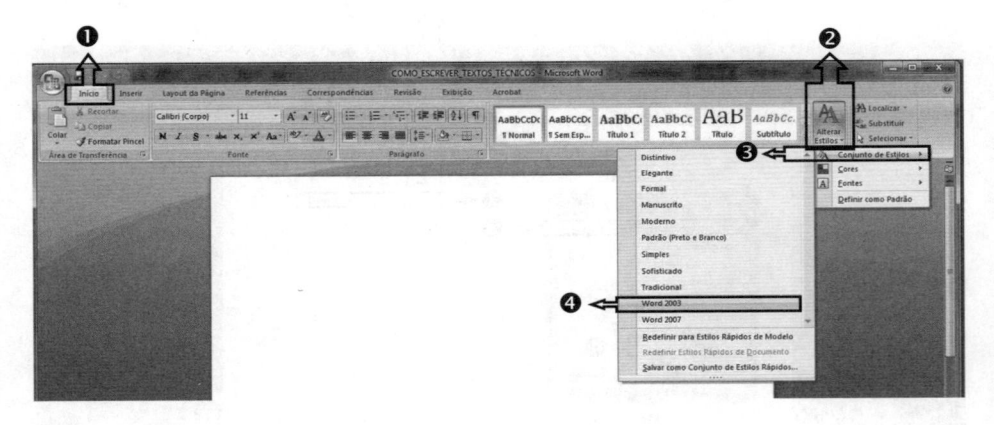

Nota	Para a formatação de textos técnicos, recomendamos o uso do estilo **Word 2003**. É o que melhor se enquadra nas orientações previstas nas normas nacionais e internacionais.

REDIJA USANDO O ESTILO

Siga os seguintes procedimentos:

1. Clique em *Título 1* e digite o título escolhido para a primeira seção primária. Dê um *enter* e a seguir continue a escrever normalmente até que seja necessário criar outro título.

Se houver necessidade de dividir a seção primária em subseção, proceda da seguinte forma:

2. Selecione *Título 2*. Digite o título escolhido para a primeira subseção. Dê um *enter*. Depois, redija normalmente o texto relativo a essa subseção.

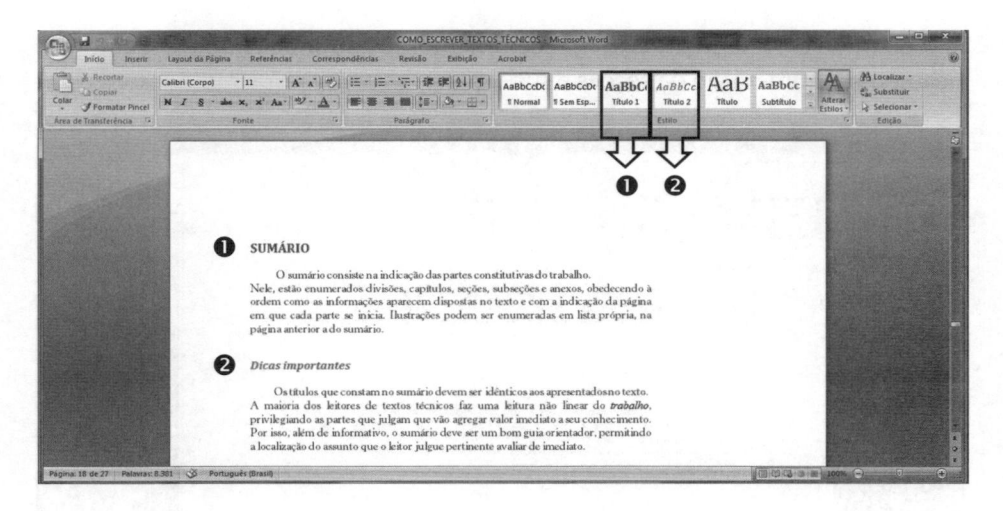

PARTE 2 – PREPARATIVOS PARA UMA COMUNICAÇÃO EFICAZ

NUMERE SEÇÕES E SUBSEÇÕES

Proceda da seguinte forma:

1. Posicione o cursor no início do primeiro título.

Clique em ▦ (lista de vários níveis).

2. Na janela **Todas,** selecione ▦.

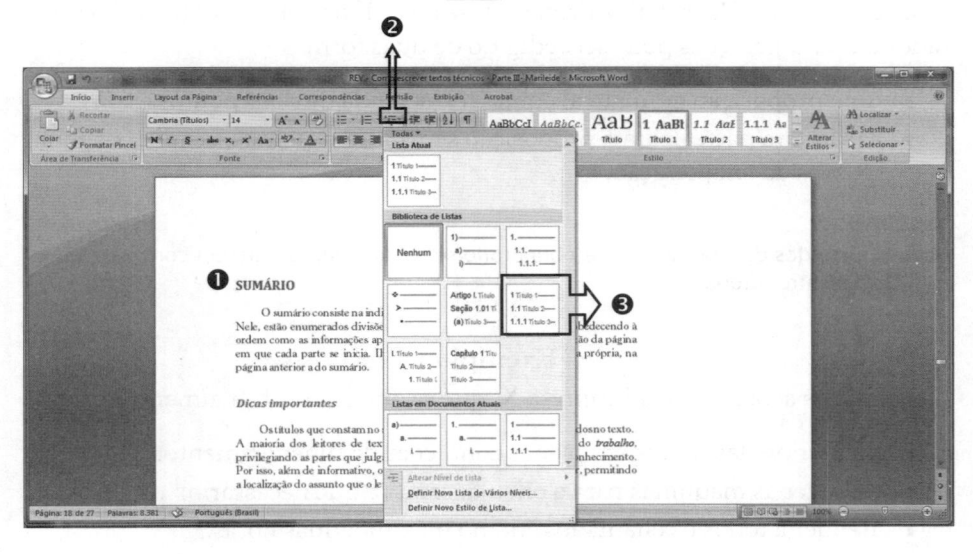

Seguindo corretamente esses procedimentos, o editor de textos fará automaticamente a numeração de seções e subseções.

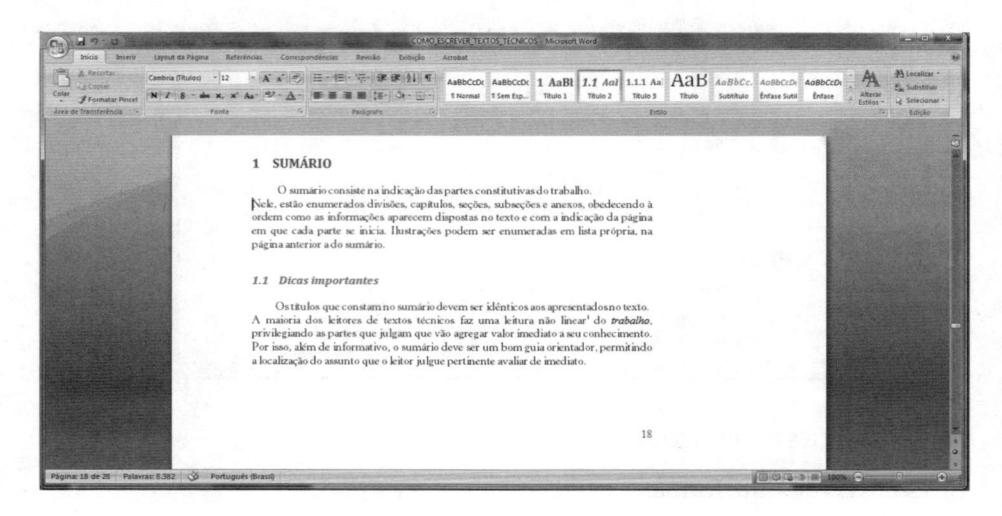

Nota | Não se deve numerar uma subseção se não houver outra subseção subsequente.

COMO FAZER ENUMERAÇÕES

Para fazer enumerações, a maneira mais comum é utilizar dois-pontos (:). Cada item na enumeração pode ser precedido de marcador (ver Exemplo 1), ou de uma letra minúscula, seguida de parênteses (ver Exemplo 2). O texto-base gerador das enumerações pode ser redigido de duas formas:

- uma proposição gramatical completa, seguida de dois-pontos;
- a primeira parte de uma proposição sem os dois-pontos, seguida das conclusões da enumeração.

Nota | O uso dos dois-pontos não é obrigatório se os itens representarem continuação da frase introdutória.

Exemplo 1

Negociamos acordo com a Empresa X, que se obriga contratualmente a

- manter os elevadores em plenas condições de funcionamento;
- remover as máquinas para a oficina, sempre que necessário;
- atender a todos os chamados em, no máximo, duas horas.

Caso seja necessário subdividir itens de uma enumeração, deve-se utilizar números arábicos, seguidos de parênteses (ver Exemplo 2).

Exemplo 2

O Banco do estado de Whiteland apresenta o seguinte quadro funcional:

a) funcionários públicos, que formam duas categorias distintas;
b) técnicos do quadro próprio, que trabalham na Empresa há mais de 10 anos e que, portanto, têm estabilidade;
c) auditores do Ministério, recém-concursados e cedidos à Empresa por um período de dois anos;
d) profissionais provenientes da iniciativa privada, subdivididos em:

   1) mão de obra contratada, com vínculo empregatício;
   2) mão de obra terceirizada, sem vínculo empregatício.

Nota | Recomenda-se o uso dos conectivos **E** e **OU** no penúltimo item, após o **ponto e vírgula**, quando o assunto impuser deliberações, sugerir recomendações ou definir procedimentos. O **E** indica que todos os itens devem ser rigorosamente seguidos. O **OU**, que o leitor é livre para escolher um ou mais itens a serem seguidos (ver Exemplo 3).

Exemplo 3

A contratante estará dispensada de efetuar a retenção de Imposto, quando:

a) o valor a ser retido for inferior a US$200;
b) o valor global do serviço for inferior a US$2,000 e a contratada:

   1) dispuser de, no máximo, três empregados registrados;
   2) tiver obtido, no mês anterior ao da prestação do serviço, faturamento mensal de até US$4,000; e
   3) mantiver-se em dia com seus débitos junto à Receita Federal, Estadual e Municipal.

Notas | 1. Cada item da enumeração deve ser separado por **ponto e vírgula**.
2. Após **dois-pontos**, use letra minúscula.

COMO FAZER NOTA DE RODAPÉ E NOTA DE FIM

Notas de rodapé e de fim são recursos que:

- permitem ao leitor ampliar sua compreensão sobre o que está sendo informado;
- evitam que informações complementares — porém úteis ao aprofundamento — comprometam o encadeamento de ideias;
- definem termos e conceitos usados no texto;
- apresentam passagens completas de onde se extraiu a citação;
- informam dados sobre a bibliografia citada no texto.

Há dois tipos de notas de rodapé e de fim:

a) **Nota bibliográfica** — cuja função é indicar a fonte de onde se extraiu determinada citação.
b) **Nota explicativa** — cuja função é ampliar informação do texto principal — mediante a inserção de pormenores específicos — ou ainda esclarecer o significado de terminologia desconhecida pela maior parte do público.

COMO INSERIR NOTAS DE RODAPÉ

Siga estes procedimentos:

1. Selecione a aba *Referência*.
2. Posicione o cursor no fim da palavra, do período ou do parágrafo, objeto da nota.
3. Clique em *Inserir Notas de Rodapé*.

No fim da página, haverá um número sobrescrito.

4. Digite o conteúdo da nota.

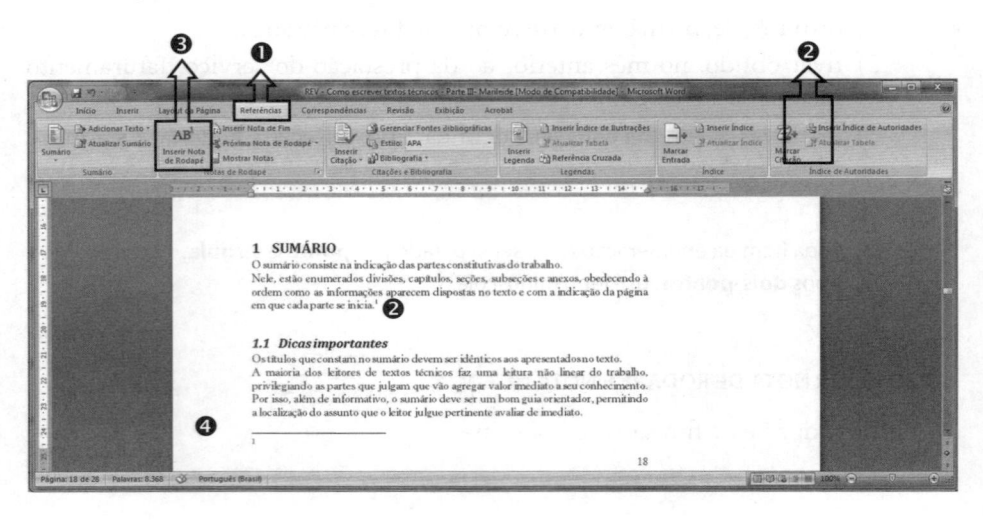

Repita os procedimentos dois e três, se houver necessidade de inserir mais notas ao longo do texto.

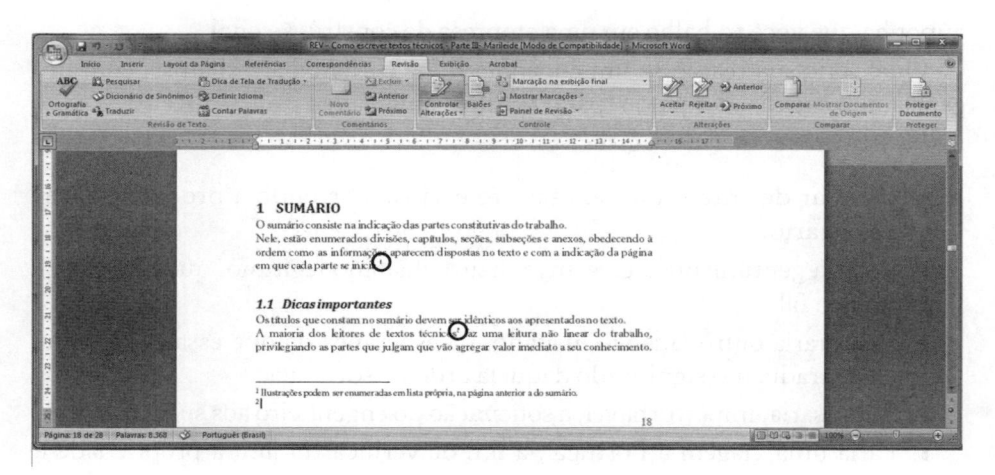

Nota	Convém evitar várias notas explicativas e bibliográficas juntas no rodapé da página. Nesse caso, é aconselhável dispor as notas bibliográficas em Notas de fim.

COMO INSERIR NOTAS DE FIM

Diferentemente da nota de rodapé, que se posiciona no fim de cada página, a nota de fim é inserida em sequência, sempre no final do trabalho.

Para inserir nota de fim, proceda da seguinte forma:

1. Selecione a aba *Referência*.
2. Posicione o cursor no fim da palavra, do período ou do parágrafo, objeto da nota.
3. Clique em *Inserir Nota de Fim*.

Logo abaixo do texto que está sendo digitado, haverá um número sobrescrito.

4. Digite o conteúdo da nota.

COMO CRIAR DEFINIÇÕES

POR QUE DEFINIR

Suponha que você trabalhe em uma empresa de construção civil.

Qual seria sua reação se um engenheiro lhe pedisse para chamar, com urgência, um canalizador para reparar o autoclisma da retrete?

Nesse caso, como você agiria?

- Faria ar de entendido no assunto e sairia correndo a procura de um dicionário.
- Pediria gentilmente a esse engenheiro, lusitano legítimo, que "traduzisse" sua fala.
- Procuraria outro cidadão lusitano, na esperança de que essa pessoa pudesse traduzir o significado daquela ordem esdrúxula.
- Repassaria, imperturbável, a solicitação do engenheiro aos subordinados.
- Faria uma viagem a Portugal, a fim de verificar *in loco* a propriedade e pertinência dos termos empregados.

Brincadeiras à parte, nenhuma das alternativas é correta, quando se pensa no problema sob a ótica de uma comunicação eficaz. Não importa a solução apresentada: todos vão sair perdendo.

Moral da história

Em nome da clareza e da precisão, certifique-se de que, em seu trabalho, estão corretamente definidos todos os termos:

- que não sejam amplamente conhecidos;
- que sejam passíveis de interpretações diferentes, em contextos diferentes;
- cujo significado não seja autoexplicativo.

Em tempo: O engenheiro da história pediu a presença de um encanador para consertar a descarga da privada.

O QUE DEVE SER DEFINIDO

Termos usados com significado específico, em determinado contexto. Por exemplo:

dono do negócio (qualidade):	Pessoa responsável pela negociação de planos de ação, pela criação de indicadores para medir sucesso, pela proposta de melhoria nas organizações.

Qualquer termo que possa ser interpretado de maneira diferente em contextos diferentes. Por exemplo:

xerografia:	Ramo da geografia responsável pelo estudo das regiões mais secas de um país.

COMO DEFINIR

A partir do genérico, enumerar características singulares específicas. Por exemplo:

baleia:	Animal marinho, mamífero, da família dos cetáceos.
cromo:	Elemento de número 24, metal, de massa atômica 52,01.

MANEIRAS ALTERNATIVAS DE DEFINIR

Enumerar as partes importantes do conceito. Por exemplo:

governo:	O conceito diz respeito à administração pública direta, indireta ou fundacional, de qualquer dos Poderes da União, dos estados, do Distrito Federal e dos municípios.

Indicar a abrangência do conceito. Por exemplo:

relatório:	O conceito abrange qualquer tipo de narração, verbal ou escrita, de tudo aquilo que se viu ou se observou.

Utilizar o princípio da oposição. Por exemplo:

real:	Opõe-se a aparente, fictício, ideal, ilusório, possível, potencial.

Notas

1. O termo a ser definido deve aparecer alinhado à esquerda, escrito com letra minúscula e seguido de dois-pontos.
2. Termos sinônimos devem ser separados por ponto e vírgula. Por exemplo:

    anel de retenção; anel elástico: Anel aberto cujo diâmetro pode aumentar ou diminuir por deformação elástica.
3. O uso de parênteses indica que parte do termo definido pode aparecer omitida no corpo do texto. Por exemplo:

    (lista com) tabulação: Tipo de tabela utilizada para alinhar informações em colunas uniformes.
4. Substantivos e adjetivos caracterizadores do conceito a ser definido devem aparecer no singular.
5. Na definição de uma palavra ou expressão, evite termos que possam causar ambiguidade. Por exemplo:

    ERRADO - falar: discursar[1] por meio de palavras, dizer.

    CERTO - falar: expressar-se por meio de palavras, dizer.
6. É bastante comum o dicionário registrar vários sentidos do termo a ser definido. Certifique-se de que a definição atém-se exclusivamente ao significado do termo no contexto de seu trabalho. Por exemplo:

    anel de guarda (eletricidade): dispositivo utilizado para diminuir ou eliminar a influência das bordas das armaduras de um capacitor de placas paralelas, na homogeneidade do campo elétrico
7. A utilização de uma figura para esclarecer melhor determinado conceito é sempre bem-vinda. No entanto, o texto da definição deve ser suficientemente claro para prescindir da existência da figura. Por exemplo:

ERRADO
manilha de união:

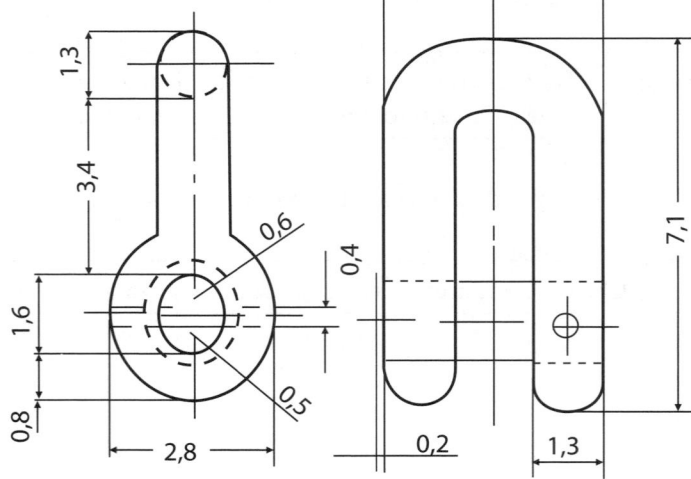

[1]. A palavra discursar é inadequada a esse contexto, pois pode ser interpretada como *fazer discursos*.

Notas

CERTO

manilha de união: peça de ferro em forma de U, com extremidades furadas para receber pino usado para nela prender corrente, corda, cabo de aço etc.

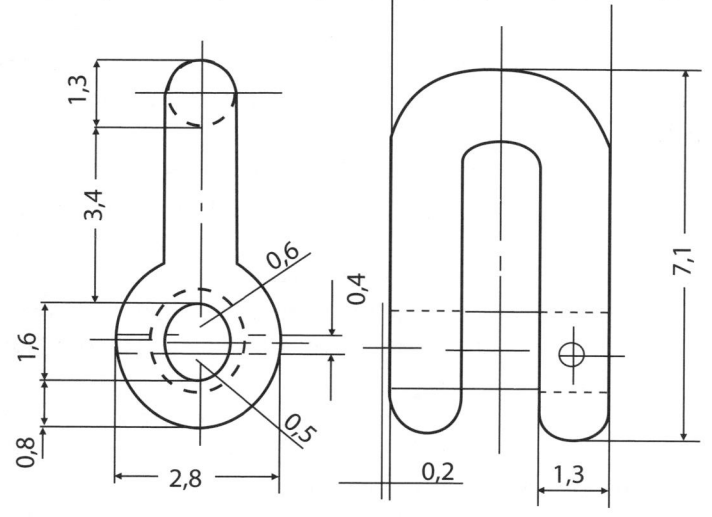

8. Definir um termo por outro é postura execrável. Por exemplo:
prolixo: difuso
difuso: prolixo

9. Deve-se acrescentar o símbolo® a termos que indiquem marcas registradas.

COMO TRABALHAR COM NÚMEROS

Observe atentamente o trecho a seguir.

VOCÊ VAI DEIXAR PASSAR ESSA OPORTUNIDADE?

Sua impressora vai mal? As cores não são nítidas e você perde muito tempo para imprimir?

- Troque sua máquina velha por uma HX Deskjet 840B.
- Com cores mais vibrantes, texto preto muito mais nítido e excelente qualidade de impressão em qualquer tipo de papel, a HX já é sucesso absoluto de vendas em todo o País.
- Para quem quer economia, praticidade e não tem tempo a perder, a HX é o que existe de melhor em tecnologia de alta resolução.
- Ouça um conselho de amigo!
- Compre logo sua HX Deskjet 840B. Logo, logo, você vai sentir a diferença!

Como peça publicitária, o texto apresentado é um sucesso, por cumprir seu papel de instigar o leitor a adquirir produto que promete maravilhas a seu comprador. Entretanto, se a proposta do texto é técnica, o resultado é desastroso, pela total imprecisão de sentido nas informações prestadas.

De que vale afirmar que o produto X tem cores **mais vibrantes**, que o preto do produto Y é **muito mais nítido** ou que a qualidade de impressão do produto Z **é excelente?**

O que representa efetivamente ser um **sucesso absoluto** de vendas e o que significa dizer que a **HX é o que existe de melhor** em tecnologia de alta resolução? O emprego de valores numéricos é o recurso apropriado para evitar que o texto caia no vazio das afirmações genéricas, sem maior significado.

O leitor de texto técnico certamente apreciará saber que a resolução é de até **2.400 dpi** e que a velocidade da impressora é de até **12 ppm (em preto)** e de **10,5 ppm (em cor)**.

Ficará também satisfeito ao poder analisar um gráfico — onde estão especificadas as vendas da **HX** e de suas três principais concorrentes —, além de verificar a fonte de onde essas informações foram retiradas.

De posse dessas e de outras informações, só então o leitor técnico terá condições de avaliar a relação custo/benefício do produto e decidir se vale a pena ou não comprá-lo.

Assim, sempre que possível:

- Substitua adjetivação imprecisa por valores numéricos.

ERRADO
A voltagem de um diodo de silicone é relativamente baixa.

CERTO
A voltagem de um diodo de silicone é de 0,7 V.

- Evite estruturas comparativas ou superlativas parcialmente incompletas. Seja preciso ao enunciar essas informações.

ERRADO
Esse arquivo ficou muito pesado. Teremos que zipá-lo.

CERTO
Esse arquivo tem muita imagem e já está com 32 MB. Precisamos compactá-lo.

> Fuja das adições impróprias. Recurso largamente utilizado pelo marketing, esse tipo de procedimento não tem acolhida em textos técnicos. Por exemplo:

CAIRO'S INVESTMENTS E BRITANIC BANK
Uma parceria de 142 anos que já nasce fazendo história.

Nota | O número 142 representa, neste caso, a adição imprópria dos 72 anos da Cairo's aos 70 anos do Britanic Bank.
> Faça a representação de dimensões e tolerâncias sem ambiguidades, da forma matematicamente correta.

ERRADO
Os moldes de aço devem ter a espessura de 8 a 12 mm.

CERTO
Os moldes de aço devem ter a espessura de 8 mm a 12 mm.

COMO REDIGIR NÚMEROS

Para expressar quantidade de itens, os números de zero a nove devem ser escritos por extenso. Do número 10 em diante, vale a forma numérica. O mesmo princípio se aplica também aos ordinais (primeiro a nono, por extenso; décimo em diante, na forma numérica).

Se um número inferior e outro superior a 10 aparecerem lado a lado, prevalece a forma numérica. Por exemplo:

Vamos precisar de 9 a 12 réguas de aço para a execução do ensaio.

Para expressar grandezas físicas, deve-se utilizar a forma numérica. Por exemplo:

Executar o ensaio em oito tubos, cada um com 3m de comprimento.

A separação dos decimais deve ser feita com uma vírgula, qualquer que seja o idioma internacional utilizado. Por exemplo:

A inflação venezuelana foi de 305,7 % em 2010.

A vírgula deve ser precedida de um zero, se o valor inferior a um aparecer na forma decimal. Por exemplo: 0,0001.

Valores aproximados devem ser escritos por extenso. Caso se some uma unidade a esses valores, a unidade não deve aparecer abreviada. Por exemplo:

- Há cerca de oito anos
- Aproximadamente vinte volts
- Algumas dezenas de mega-hertz

Se o número a ser enunciado aparecer no início da frase, deve ser escrito por extenso. Por exemplo:

Onze operários faltaram hoje por causa da chuva.

Cada termo utilizado em uma equação deve ser devidamente explicitado. A apresentação da equação deve ser:[2]

$$\frac{P_1}{P_2} = 1 + n \frac{T_2 - T_1}{T_1}^{[y-1]}$$

onde: P_1 é a pressão de admissão, em pascal;
P_2 é a pressão de escape, em pascal;
η é o rendimento isentrópico;
T_1 é a temperatura de admissão, em Kelvin;
T_2 é a pressão de escape, em Kelvin;
γ_1 é a razão de capacidade caloríficas específicas.

Notas | 1. O sinal de multiplicação (×) deve ser utilizado preferencialmente ao ponto.
2. Números que designam anos não devem conter pontos intermediários. Por exemplo: 2011 (e não 2.011).

COMO FAZER CITAÇÕES

Citações servem para documentar, exemplificar determinada informação a ser comprovada, defendida ou contestada.

Citar autores que — pela excelência de seus escritos — são reconhecidos por sua notória especialização no assunto contribui não só para reforçar a fundamentação teórica da argumentação, como também para aumentar a necessária credibilidade a ser estabelecida entre autor e leitor.

Entretanto, lembre-se de que citações devem ser usadas com parcimônia; ninguém gosta de ler textos com citações e transcrições que parecem infindáveis. Portanto, é aconselhável — em vez de citar exageradamente ou transcrever

---

[2] COMITÊ MERCOSUL PARA NORMALIZAÇÃO. Diretivas para a elaboração e apresentação de normas Mercosul. 1 ed. 1995.

trechos muito longos — sintetizar informações e apresentá-las, em texto original, na forma de paráfrase.[3]

TIPOS DE CITAÇÃO

Você pode fazer dois tipos de citação: a textual e a livre.

Citação textual – Transcrição fiel do original.

Citações textuais com até três linhas devem aparecer no próprio texto, entre aspas duplas.[4] Por exemplo:

> Segundo a ABNT (2003), Anexos "[...] devem ser identificados através de letras maiúsculas consecutivas, seguidas de seus respectivos títulos."

Citações textuais com mais de três linhas devem formar parágrafo à parte, com recuo de 4 cm em relação à margem esquerda. As aspas não são necessárias, e o tamanho da fonte deve ser menor. Por exemplo:

A ABNT (2003) nos informa que Anexos

> São partes extensivas ao texto, destacadas para evitar descontinuidade da sequência lógica das seções. Devem ser colocados [...] trechos de outras obras ou contribuição que servem para documentar, esclarecer, provar ou confirmar as ideias apresentadas no texto e que são importantes para sua perfeita compreensão.

Em citações textuais, convém que a transcrição seja reprodução fiel do original. Entretanto, se houver necessidade imperiosa de modificar parte de transcrição, as mudanças devem ser sinalizadas da seguinte maneira:

Quadro 2.1 – Sinalização para indicar mudanças no texto original

Sinalização	Finalidade
[...]	Indicar a supressão de parte(s) da citação.
[ ]	Indicar a inserção de comentários, esclarecimentos ou especificações ao longo do texto citado.
Grifo, negrito ou itálico	Destacar parte da citação. Ao final da chamada, inserir a expressão "grifo nosso".
(sic)	Indicar que o autor incorreu em erro gramatical ou de informação.

---

[3] Explicação ou interpretação, com outras palavras, de um texto ou do pensamento de um dado autor.
[4] As aspas simples são usadas para indicar uma citação no interior de outra citação.

> Por exemplo:
>
> **Trecho original**
>
> Há mais de meio século, os eruditos ocidentais passaram a estudar o mito por uma perspectiva que contrasta sensivelmente com a do século XIX. Ao invés de tratar, como seus predecessores, na acepção usual do termo, eles o aceitaram tal qual era compreendido pelas sociedades arcaicas. Mas esse novo valor semântico conferido ao vocábulo mito torna o seu emprego um tanto equivocado. De fato, a palavra é hoje empregada tanto no sentido de ficção ou ilusão, como no sentido — familiar, sobretudo, aos etnólogos, sociólogos e historiadores de religiões — de tradição sagrada, revelação primordial, modelo exemplar. (ELIDE, 1963, p. 7)
>
> **Trecho modificado**
>
> [...] os eruditos ocidentais passaram a estudar o mito por uma perspectiva que contrasta sensivelmente com a do século XIX. Ao invés de tratar [...] na acepção usual do termo [fábula, invenção, ficção], eles o aceitaram tal qual era compreendido pelas sociedades arcaicas [história verdadeira]. Mas esse novo valor semântico conferido [...] torna o seu emprego um tanto equivocado. [...] A palavra é hoje empregada tanto no sentido de ficção ou ilusão, como no sentido [...] de **tradição sagrada, revelação primordial, modelo exemplar**. (ELIDE, 1963, p. 7, grifo nosso)

Fonte: Associação Brasileira de Normas Técnicas – ABNT.

Citação livre – Recurso por meio do qual o autor resume ideias ou informações de outros autores, sem que isso implique a reprodução fiel do texto original. Exatamente por isso, não se devem utilizar aspas. Por exemplo:

Para Roriz (2003, p. 45), o calouro de uma faculdade precisa ser informado sobre a maneira de tirar o maior proveito possível do curso superior.

Roriz entende que, com essas informações, o estudante perceberá, de imediato, que muita coisa mudou em comparação ao modo como foi tratado no ensino médio. (RORIZ, 2008)

COMO INDICAR A AUTORIA DE UMA CITAÇÃO

Para Umberto Eco (1970, p.126), "Citar é como testemunhar num processo. Precisamos estar sempre em condições de retomar o depoimento e demonstrar que é fidedigno".

Portanto, identificar de forma exata e precisa a fonte da citação é — além de dar créditos a quem de direito — permitir ao leitor averiguar a fidedignidade da transcrição.

A autoria da citação deve ser sempre indicada (de forma resumida) no texto, por meio de um *sistema de chamada*, e (de forma pormenorizada) numa lista denominada *Referências Bibliográficas* (ver página 107).

Convém que ambas as formas estejam presentes no texto técnico, sobretudo em trabalhos de maior extensão. Por exemplo:

No texto, com o sistema de chamada:

Já é fato consagrado que "A maioria dos profissionais vê o ato de escrever como mal necessário. A carta, o relatório, a proposta seriam tarefas penosas, das quais é importante se livrar o quanto antes." (OLIVEIRA e MOTTA, 2000, p. 23)

Na referência bibliográfica:

OLIVEIRA, José Paulo e MOTTA, Carlos Alberto. Como escrever melhor. 6 ed. São Paulo: Publifolha, 2002.

OS SISTEMAS DE CHAMADA

SISTEMA NUMÉRICO

Nesse sistema, inclui-se ao final da citação algarismo arábico, que deve remeter à referência bibliográfica, por exemplo:

No texto

Torres afirma que "[...] placas-mãe com soquete azul podem utilizar diversos processadores, como Pentium, AMD ou Cyris".[12]

Na referência bibliográfica

(12) TORRES, Gabriel. Montagem de Micros. 4 ed. Rio de Janeiro: Axcel Books, 2002. p. 37.

Nota | A numeração das citações deve ser única e consecutiva para todo o trabalho.

SISTEMA AUTOR-DATA

A indicação é feita pelo sobrenome do autor ou pelo nome da instituição, seguido do ano de publicação e do número da página. Por exemplo:

Rodrigues (2001, p. 65)[5] observa que "[...] com a velocidade com que novas tecnologias chegam, o profissional da era digital precisa estar em constante evolução [...]"

Não há como negar que "[...] com a velocidade com que novas tecnologias chegam, o profissional da era digital precisa estar em constante evolução [...]" (RODRIGUES, 2001, p.65).

---

[5] Usa-se essa forma quando o sobrenome do autor estiver incluído na frase através de expressões do tipo *Para fulano...*, *Segundo sicrano...*, *Fulano entende que...*, *Sicrano afirma que...*, .

Notas
1. Por uma questão de uniformidade, o autor do trabalho deve optar por um dos sistemas de chamada.
2. O sistema numérico deve ser usado quando não houver a inserção de notas de rodapé no trabalho.

COMO FAZER REFERÊNCIAS BIBLIOGRÁFICAS

Referência bibliográfica é o conjunto de informações que permite ao leitor identificar as publicações citadas ou mencionadas ao longo do texto.

Para que se possa fazer uma boa referência bibliográfica, é importante ter sempre à mão as seguintes informações:

- nome do autor ou autores;
- título da obra;
- número da edição;
- *imprenta* (local, nome do editor e ano de publicação);
- número de páginas;
- volume;
- nome da série ou coleção;
- nome de tradutor.

A utilização desta ou daquela informação e a sequência como as informações serão dispostas na referência bibliográfica dependerão do tipo de publicação citada ou mencionada no texto (ver Quadro 2.2).

Quadro 2.2 – Como fazer referências bibliográficas segundo a NBR 6023, da ABNT

Para	Como se faz	Exemplo
Livros	SOBRENOME, nome do autor. Título. Número da edição. Local de publicação: Editora, ano de publicação.	GARCIA, Othon M. Comunicação em prosa moderna. 14 ed. Rio de Janeiro: Fundação Getúlio Vargas, 1988.
Livros com até três autores	SOBRENOME, nome do primeiro autor; SOBRENOME, nome do segundo autor; SOBRENOME, nome do terceiro autor. Título. Número da edição. Local de publicação: Editora, ano de publicação.[1]	OLIVEIRA, José Paulo; MOTTA, Carlos Alberto. Como escrever melhor. 6 ed. São Paulo: Publifolha, 2000.
Capítulo ou parte de livro	SOBRENOME, nome do autor. Título. Numero da edição. Local de publicação: Editora, ano de publicação. Páginas inicial e final.	MATTAR, Fauze N. Pesquisa de marketing. 2 ed. São Paulo: Atlas, 1996. p. 23 –34.

(continua)

(continuação)

Anais de Congresso, folhetos e manuais institucionais	NOME DA INSTITUIÇÃO. Título. Número da edição. Local de publicação: Editora, ano de publicação.	UNIVERSIDADE DE SÃO PAULO. Manual de apresentação de textos técnico-científicos. 2 ed. São Paulo: USP, 2002.
Normas nacionais e internacionais	NOME DA ENTIDADE, local da sede. Título. Local de publicação, ano de publicação.	ASSOCIAÇÃO BRASILEIRA DE NORMAS TÉCNICAS – ABNT, Rio de Janeiro. NBR 6029 – Apresentação de livros e folhetos – Procedimentos. Rio de Janeiro, 1999.
Artigo assinado em revista	SOBRENOME, nome do autor. Título do artigo. Nome da revista. Local de publicação, número da publicação, número do fascículo páginas inicial e final, mês e ano.	MARCONDES, Pyr. O que é bom para nós não é bom para eles. Revista da Criação. São Paulo, n. 41, p. 53–55, ago. 1998.
Artigo assinado em jornal	SOBRENOME, nome do autor. Título do artigo. Nome do jornal. Local de publicação, dia, mês e ano. Número ou título do caderno, seção ou suplemento, páginas inicial e final.	MASCARENHAS, Maria das Graças. Sua safra, seu dinheiro. O Estado de São Paulo. São Paulo, 27 set. 1998. Suplemento Agrícola, p. 14-16.
Matéria de jornais ou revista	TÍTULO DA MATÉRIA (apenas a primeira palavra em letras maiúsculas). Nome da revista ou jornal. Local de publicação, dia, mês e ano. Número ou título do caderno, seção ou suplemento. Páginas inicial e final.	COMO não se sentir perdido depois de perder os documentos do automóvel. O Globo. Rio de Janeiro, 9 jan. 2002. Suplemento Carro etc. p. 3.
Dissertação e tese	SOBRENOME, nome do autor. Título: subtítulo. Tipo de trabalho – Faculdade ou Escola. Local: Universidade, volumes, páginas inicial e final, ano.	MOTTA, Victor Faria. Locomoção psicomotora: distúrbios crônicos. Tese de Mestrado – Faculdade de Educação Física. Rio de Janeiro: Universidade Estácio de Sá, v. 3, p. 56–78, 2002.
Leis, decretos, portarias	NOME DO LOCAL (país, estado ou município). Especificação da legislação, número e data. Ementa. Indicação da publicação oficial.	BRASIL. Medida Provisória 1.569-9 de 11 de dezembro de 1997. Estabelece multa em operações de importação e dá outras providências. Diário Oficial, Brasília, DF, 14 dez. 1997. Seção 1, p. 29514.

(continua)

(continuação)

Base de dados	NOME DA BASE DE DADOS [meio]. Local: Produtor. Data. Disponibilidade: Distribuidor	MEDLINE [On-line]. Bethesda: National Library of Medicine. 1987-1990. Disponível: Dialog.
Listas de discussões	AUTOR. Assunto. Nome da lista de discussão. Data. Endereço eletrônico: endereço da lista.	BURTON, Paul. International finance questions. **Business libraries discussion list**. 24 oct., 1993. End. eletrônico: buslisb-L@idbsu.bitnet.
E-mails	AUTOR. Assunto. Nome de quem recebeu o e-mail. Endereço eletrônico do receptor.	WAKEFORD, R. Standarts of service in the library. e-mail para Gabriela Motta. End. eletrônico: gabi@terra.com.br.
Informações com autoria obtidas na internet	SOBRENOME, nome do autor. Título do trabalho. Disponível em: nome do site e arquivo. Acesso em: dia, mês e ano da consulta.	MATTAR, Fauze Najib. Redação de documentos acadêmicos. Disponível em http://www.fauze.com.br/artigo20.htm, 2 jan. 2001.
Informações obtidas em sites	NOME DA INSTITUIÇÃO. Disponível em: nome do site e arquivo. Acesso em: dia, mês e ano da consulta.	GRUPO INDEPENDENTE DE PORTUGUÊS. Disponível em http://www.gip.com.br/artigo45.htm, 3 fev. 2003.
Nota 1 - Se houver mais de três autores para o mesmo livro, cita-se apenas um deles seguido da expressão **et al**. Mantêm-se as demais informações. Por exemplo:		
MAZZON, José Afonso et al. Marketing: aspectos quantitativos. 1 ed. São Paulo: Atlas, 1983. (grifo nosso)		

ONDE INSERIR AS REFERÊNCIAS BIBLIOGRÁFICAS

A inserção pode ser feita de duas maneiras:

1. No fim da página onde se fez a citação, sob a forma de notas de rodapé. Por exemplo:

   No texto

   "Eram dez horas. São vinte dias...: casos de concordância por atração." [1]

   "Nas orações que exprimem horas, datas, distâncias, o verbo *ser* concorda com a expressão numérica." [2]

   "Nas orações impessoais o verbo concorda com o predicativo." [3]

No rodapé

[1] LUFT, Pedro C. Gramática resumida. 3 ed. São Paulo: Globo, 1987. p. 131.
[2] BECHARA, Evanildo. Moderna gramática portuguesa. 12 ed. Rio de Janeiro: Moderna, 1991. p. 306.
[3] CUNHA, Celso. Gramática do português contemporâneo. 1 ed. Rio de Janeiro: Nova Fronteira, 1989. p. 92.

2. Em uma seção à parte, denominada **Referências Bibliográficas**. Ao contrário da nota de rodapé — onde a numeração se faz automaticamente —, se você optar pela seção referências bibliográficas, lembre-se de acrescentar número no fim da citação. Esse número pode aparecer entre parênteses (1) ou entre colchetes [1]. Por exemplo:

Referências Bibliográficas

(1) BANCO NACIONAL DE DESENVOLVIMENTO ECONÔMICO E SOCIAL. Ação social pioneira em agroindústria no interior. Disponível em http//:www.bndes.gov.br, 22. jan. 2003.

(2) MARTINS I. O império da rede. Revista Exame. São Paulo, n. 56, p. 34-36, jan. 2003.

(3) MOTTA, Victor Faria. Locomoção psicomotora: distúrbios crônicos. Tese de Mestrado – Faculdade de Educação Física. Rio de Janeiro: Universidade do Estado do Rio de Janeiro, v. 3, p. 56-78, 2002.

COMO USAR ILUSTRAÇÕES

Ilustrações são componentes gráficos utilizados para apresentar informações visualmente condensadas. Além de facilitar a compreensão, esses recursos são úteis para esclarecer, exemplificar e demonstrar aspectos relevantes de determinada informação.

As principais formas de ilustração são tabela, quadro e figura. São considerados figuras: fotografias, desenhos técnicos, mapas, fluxogramas, gráficos e esquemas.

TABELA

Expõe dados estatísticos, representados numericamente. A forma de apresentação é a seguinte:

- lados esquerdo e direito da tabela sempre abertos;
- partes superior e inferior sempre fechadas;
- não há traços horizontais e verticais para separar números, em seu interior.

Tabela 2.1 – Aumento de consumo de energia na região Sudeste

Quadrimestre	2010	2011
Primeiro	15%	11%
Segundo	12%	12%
Terceiro	16%	18%

QUADRO

Expõe informações qualitativas, geralmente representadas na forma de texto. Diferentemente da tabela, o quadro tem os quatro lados fechados e traços horizontais e verticais.

Quadro 2.3 – Tipos de documento acadêmico

Documento	Caracterização
Monografia	Documento que faz estudo minucioso sobre tema relativamente restrito. Frequentemente solicitado como trabalho de formatura ou de conclusão em cursos de graduação ou de pós-graduação.
Dissertação	Documento que representa trabalho experimental ou exposição de estudo científico. É feito sob a orientação de um pesquisador e visa à obtenção de título de Mestre.
Tese	Documento que representa um trabalho de natureza experimental ou teórico, de tema específico e bem delimitado. Deve ser originado com base em investigação original. Visa à obtenção de título de Doutor.

O PASSO A PASSO PARA ELABORAÇÃO DE QUADROS E TABELAS

Posicione o cursor no local onde o quadro ou a tabela vai ser inserida. A seguir, realize os seguintes procedimentos:

1. Selecione a abra *Inserir*.
2. Clique em *Tabela*.
3. Clique em *Inserir Tabela*.
4. Defina na janela *Inserir tabela* o número necessário de colunas e de linhas.
5. Clique em **OK**.

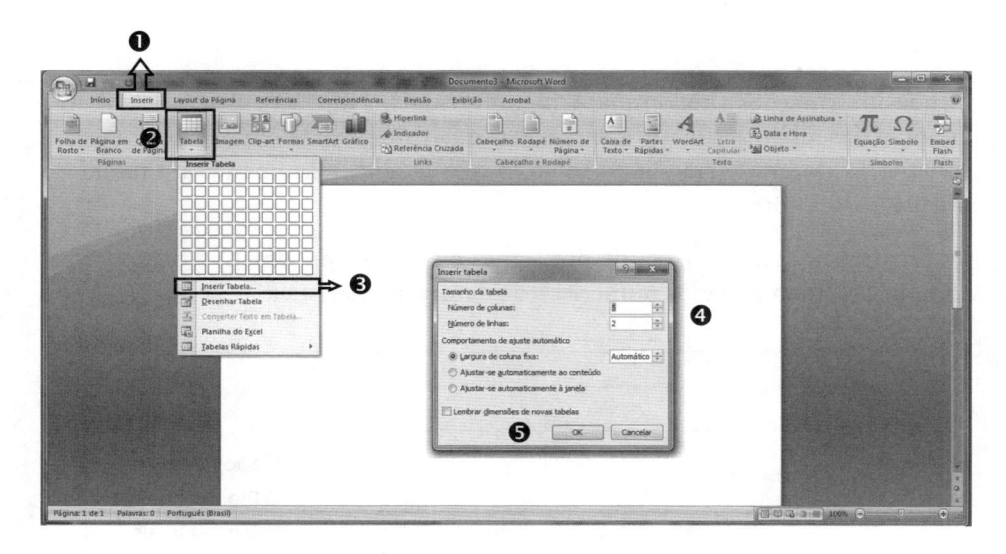

PARTE 2 – PREPARATIVOS PARA UMA COMUNICAÇÃO EFICAZ

Para imprimir à tabela layout mais profissional e atraente, proceda agora da seguinte forma:

1. Ainda na aba *Inserir*, clique em *Tabela*.
2. Clique em *Tabelas Rápidas.*
3. Selecione na janela *Interno* um dos muitos modelos disponíveis.

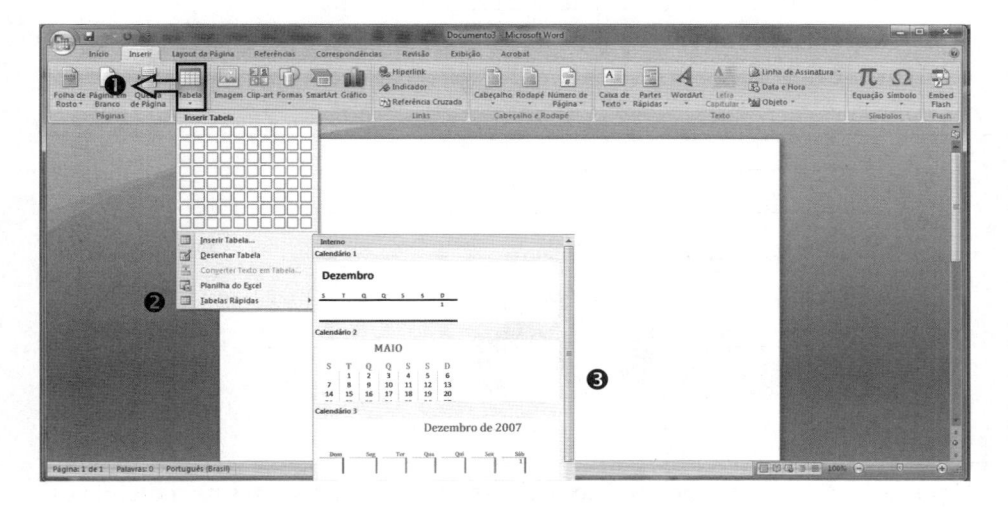

FIGURA

Expõe informações predominantemente visuais. Hoje há softwares que auxiliam a desenhar desde um simples parafuso até plantas em 3D destinadas à construção de um avião supersônico, o que facilita sobremaneira a tarefa de ilustrar uma informação.

Gráfico: Figura construída por linhas e pontos, que objetiva demonstrar, comparativamente, dados numéricos de natureza estatística.

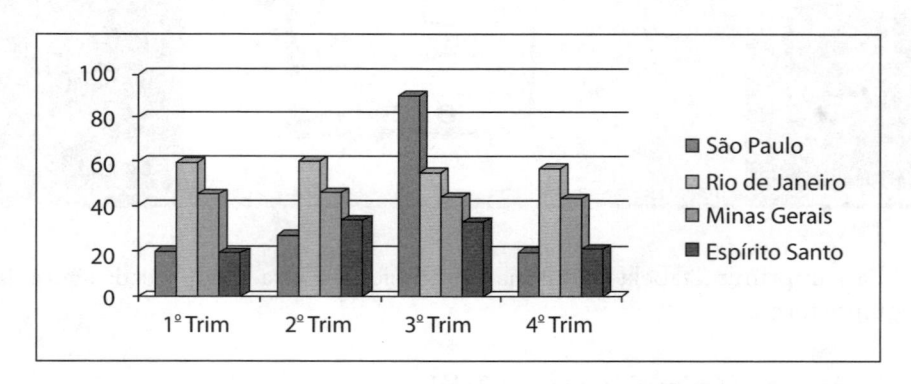

Figura 2.1 – Consumo de óleos lubrificantes na Região Sudeste – 2011

Gráficos podem ser representados da seguinte forma:
- **Colunas ou barras** – para comparar informações pertinentes a duas ou mais categorias.

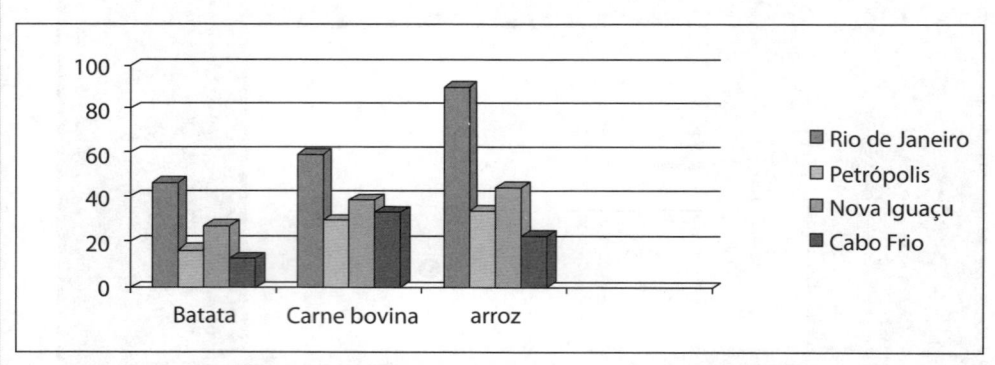

Figura 2.2 – Consumo, por município, de três produtos presentes na merenda escolar

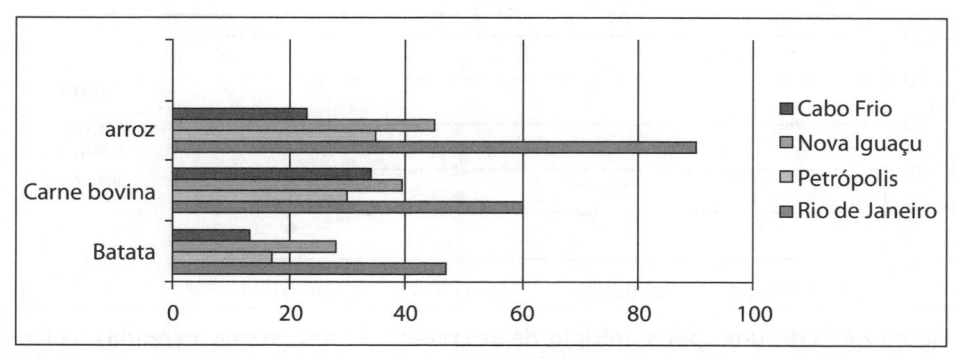

PARTE 2 – PREPARATIVOS PARA UMA COMUNICAÇÃO EFICAZ

Figura 2.3 – Consumo, por município, de três produtos presentes na merenda escolar

- **Pizza ou rosca** – para destacar o percentual de cada parte em relação ao todo.

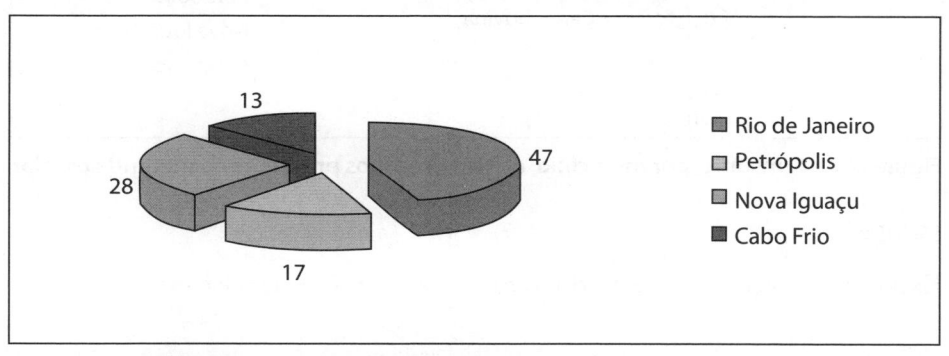

Figura 2.4 – Participação, por município, no orçamento destinado à merenda escolar

- **Linha ou radar** – para indicar, com marcadores, a evolução de cada dado.

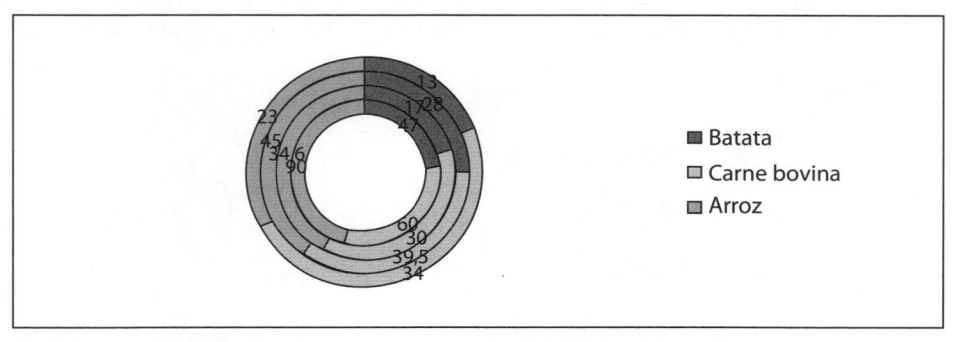

Figura 2.5 – Participação de três produtos presentes na merenda escolar

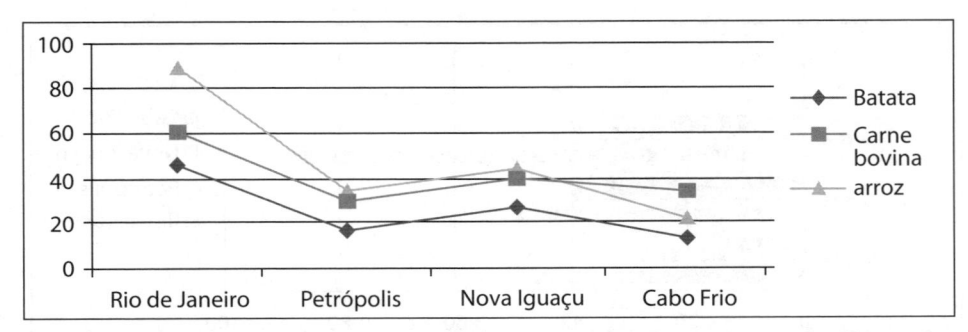

Figura 2.6 – Consumo, por município, de três produtos presentes na merenda escolar

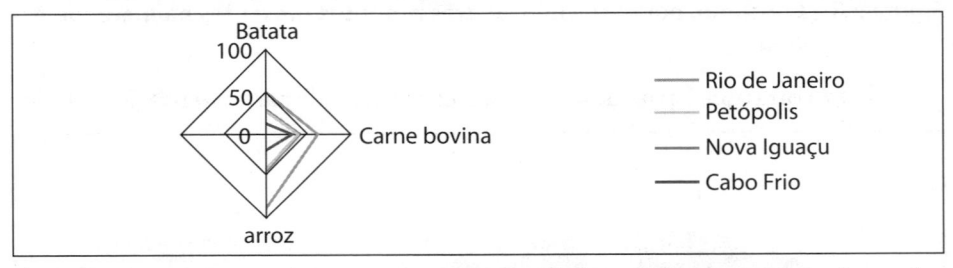

Figura 2.7 – Consumo, por município, de três produtos presentes na merenda escolar

ESQUEMA

Expõe informações que se desdobram em vários níveis de relação.

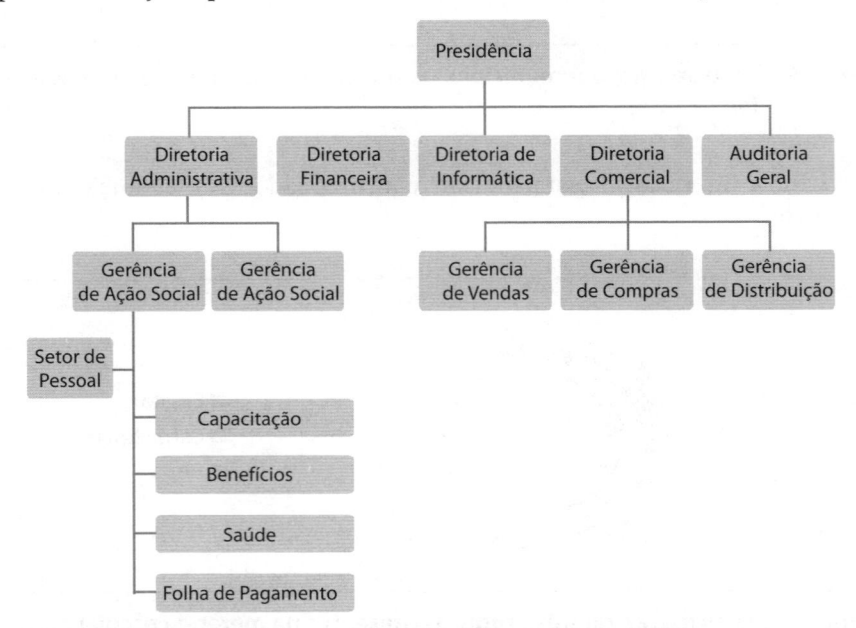

Figura 2.8 – Organograma funcional da Brazilian Fruit em 2011

PARTE 2 – PREPARATIVOS PARA UMA COMUNICAÇÃO EFICAZ

REGRAS GERAIS PARA O USO DE ILUSTRAÇÕES

1. Toda ilustração deve aparecer centralizada, disposta na forma horizontal e localizada o mais próximo possível do texto a que se refere.
2. Cada tipo de ilustração deve ter numeração independente e sequencial. Por exemplo:
   Quadro 1, Quadro 2, Tabela 1, Tabela 2, Figura 1, Figura 2
3. As ilustrações devem apresentar títulos curtos e elucidativos, de forma a permitir ao leitor rápida identificação do conteúdo tratado. Os títulos devem ainda ser posicionados após a numeração e separados por traço.
   Quadro 1 – Tipos de combustível não poluentes
4. Os títulos de quadros e tabelas devem ser redigidos na parte superior, à esquerda; os de figura, na parte inferior, também à esquerda. Por exemplo:

Quadro 2.4 – Preferência alimentar por faixa etária

Faixa Etária	Preferência Alimentar
11 – 20 anos	Ínfimas quantidades de frutas e verduras, com muita incidência em consumo de carne vermelha.
21 – 30 anos	Discreto consumo de frutas e legumes, com preferência por carnes brancas em grande quantidade.
31 – 40 anos	Considerável consumo de frutas, legumes e verduras, com preferência por saladas e redução do consumo de carnes em geral.
41 – 50 anos	Grande consumo de frutas, legumes e verduras, com abstinência quase total por carnes e preferência por legumes crus e dietas hipocalóricas.

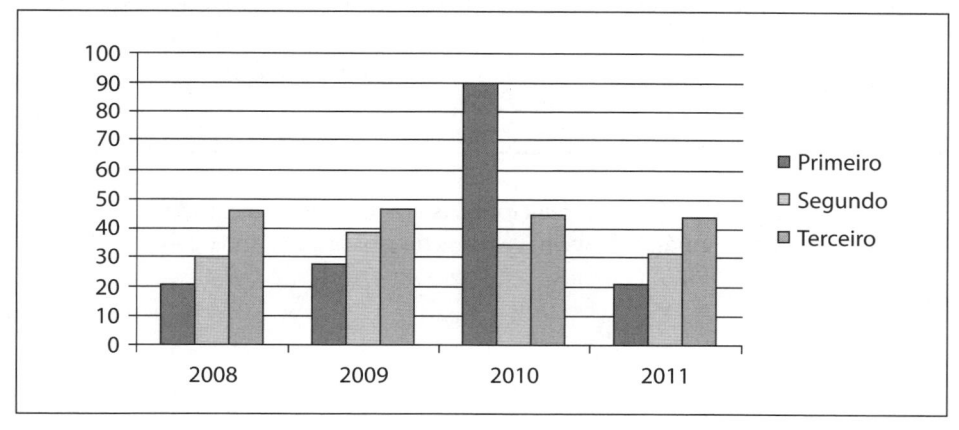

Figura 2.9 – Taxas de crescimento na produção de aço, por quadrimestre

As ilustrações podem conter também cabeçalhos (títulos internos), que devem ser dispostos no alto das colunas ou no início das linhas. Os cabeçalhos devem ser curtos e elucidativos, de forma a permitir rápida identificação do conteúdo tratado.

Tipo	Comprimento	Largura	Diâmetro
Cabo de sustentação			
Cabo de rebite			

Para adequada identificação das dimensões utilizadas, proceda da seguinte forma:

- Se a dimensão usada for única para toda a ilustração, posicione essa informação no ângulo superior direito da ilustração.

Dimensão em mm

Tipo	Densidade	Diâmetro interno	Diâmetro externo

- Se for usada mais de uma dimensão, a identificação deve estar centralizada, abaixo dos cabeçalhos próprios à coluna ou à linha.

Tipo	Densidade kg / cm	Diâmetro interno mm	Diâmetro externo mm

5. As ilustrações podem ser relacionadas em **Listas,** posicionadas na página anterior à do Sumário. Deve haver uma lista para cada tipo de ilustração. Por exemplo:

Lista de Figuras

1 Desempenho dos Resumos quanto à Qualidade 63
2 Pontos Alcançados pelos Resumos ao longo do Período Estudado 68

Lista de Quadros

1 Análise da Extensão dos Resumos das Dissertações 51
2 Língua / Localização dos Resumos das Dissertações 52
3 Pessoa Gramatical Usada no Resumo das Dissertações 54

6. Deve-se sempre mencionar a fonte de onde se extraiu determinada ilustração. A forma adequada de fazer menção à autoria de uma ilustração segue os mesmos moldes das referências bibliográficas (ver página 107). Por exemplo:

Tabela 2.2 – Relação entre acidentes de trânsito e população

Local	Habitantes	Acidentes/ano	%
Rio de Janeiro – capital	323.000	445	71,20
Rio de Janeiro – cidades litorâneas	130.000	112	17,92
Rio de Janeiro – cidades serranas	147.500	68	10,88
Total	600.500	625	100

Fonte: FARIAS, Edvaldo de. Formação Profissional: Novas demandas por novas com petências. **Revista Ser Humano**, São Paulo, v. 15, n. 4, p. 45, abr/jun,1995.

7. A disposição em tabelas ou quadros deve permitir a comparação entre informações e ressaltar as relações existentes entre os dados. Não se deve, portanto, deixar "casas" vazias no interior das ilustrações.
   Devem ser usados, respectivamente, os seguintes símbolos:
   [-] e [nd] ou [...], se os dados realmente não existirem ou não estiverem disponíveis.

8. Ilustrações podem conter notas, cuja inserção fica dentro dos limites da tabela e do quadro.

Quadro 2.5 – Distribuição etária dos profissionais da Brazilian Fruit

Faixa Etária	Masculino	Feminino	Total
25 a 30 anos	21	47	68
30 a 35 anos	27	37	64
35 a 45 anos	59	85	144
Mais de 45	80	72	152
Total	187	241	428
NOTAS 1. Os números apresentados representam o efetivo da empresa até 31/12/2010; 2. Todos os profissionais possuem curso superior completo.			

Fonte: Relatório Gerencial da Administração de Pessoal - fevereiro de 2011.

Nas figuras, as notas devem ser inseridas imediatamente acima do título.

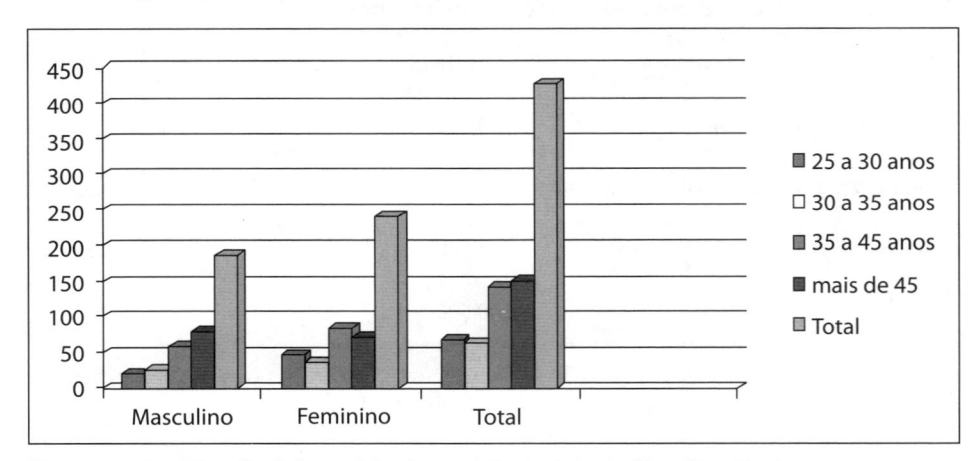

Figura 2.10 – Distribuição etária dos profissionais da Brazilian Fruit

Notas 1. Os números apresentados representam o efetivo da empresa até 31/12/2010;
2. Todos os profissionais possuem curso superior completo.

Sugestão de Atividade 8

Tornar o texto mais visual significa usar a linguagem de nosso tempo. Já vai longe a era do rádio, quando o apelo era predominantemente auditivo. Para as novas gerações, televisão, Internet, videogame e recursos multimídia são parte do dia a dia — e seria inútil lutar contra esse progresso. Recursos visuais podem ser inteligentemente explorados nos textos que você produz.

A Presidência do Grupo Brasil solicitou à Gerência de Controle Interno a elaboração de um relatório visando informar os novos acionistas sobre a participação do grupo no setor agropecuário.

Lançando mão do bom e velho "corta e cola", um estagiário da Gerência montou o seguinte texto:

Em 1984, em negociações com a empresa Rumo Certo S.A., o Grupo Brasil assumiu o controle das fazendas Santa Ana Ltda e Santa Clara Ltda, que funcionaram como empresas independentes até o final de 2001, quando a Fazenda Santa Clara incorporou a Fazenda Santa Ana, alterando sua razão social para Fazendas Reunidas Ltda. Já no ano de 2002, houve a transformação da sociedade, do tipo jurídico, sociedade por cotas de responsabilidade limitada, para o tipo sociedade anônima, sob a denominação de Fazendas Reunidas S.A.

No final do ano de 2000, o Grupo Brasil comprou a empresa Lopes Participações adquirindo, assim, duas novas fazendas: Fazenda Santa Rita e Fazenda Helena, e também alterou sua razão social para Fazendas Boi Branco Ltda. Já em 2002, a empresa Fazendas Reunidas S.A., através de instrumento jurídico, incorporou a Fazenda Boi Branco Ltda., e alterou sua razão social para Fazendas Reunidas Boi Branco S.A.

A atividade fim das fazendas é a criação e venda de bovinos, não fazendo parte do processo o abate dos mesmos, porém, também existem contratos de arrendamento de terra a terceiros para a cultura de abacaxi, cana-de-açúcar, seringueira e lavoura de soja e mandioca.

Atualmente as Fazendas Reunidas Boi Branco S.A. possuem quatro fazendas, sendo estas: Fazenda Santa Ana, Fazenda Santa Clara, Fazenda Santa Rita e Fazenda Santa Helena. A Fazenda Santa Rita localizada em Itamonte, Estado de Minas Gerais, possui aproximadamente 30 mil hectares e são realizadas culturas de abacaxi e cana-de-açúcar. A receita anual desta fazenda em 2010 foi de R$ 9.800.000,00, o que representou 35% da receita anual das Fazendas Reunidas Boi Branco S.A.

A Fazenda Santa Ana se localiza no interior do Estado de São Paulo, no município de Marília. Possui aproximadamente 20 mil hectares, e nesta unidade são realizadas culturas de cana-de-açúcar, seringueira e lavoura de mandioca. A receita anual desta fazenda em 2010 foi de R$ 2.800.000,00, o que representou 10% da receita anual das Fazendas Reunidas Boi Branco S.A.

A Fazenda Santa Helena está situada no interior do Estado do Paraná, no município de Toledo. Possui aproximadamente 35 mil hectares e são realizadas lavouras de soja e mandioca. A receita anual desta fazenda em 2010 foi de R$ 7.000.000,00; o que representou 25% da receita anual das Fazendas Reunidas Boi Branco S.A.

A Fazenda Santa Clara fica localizada no interior do Estado de Goiás, no município de Baranópolis. Possui aproximadamente 50 mil hectares, e nesta são realizadas a cultura de cana-de-açúcar e lavoura de soja. A receita anual desta fazenda em 2010 foi de R$ 8.400.000,00; o que representou 30% da receita anual das Fazendas Reunidas Boi Branco Ltda.

As Fazendas Reunidas Boi Branco apresentam em seu quadro funcional 1.210 funcionários lotados na Fazenda Santa Rita, cujo gerente-geral é o agrônomo José Carlos Santos. A Fazenda Santa Ana conta com 617 empregados, sob a direção do veterinário Anildo Ribeiro. Na Fazenda Santa Clara, trabalham 829 funcionários, sob o comando do administrador Luís Carlos Loureiro. Por fim, a Fazenda Santa Helena emprega 1.040 trabalhadores, cabendo ao engenheiro Fernando Pinho a direção. Os custos com a folha de pagamento representam 43% do faturamento bruto das Fazendas Reunidas.

O Grupo Brasil vai investir durante 2011 o valor de R$ 8.500.000,00 que se destinará à compra de 2.800 cabeças de gado leiteiro, a serem locados nas Fazendas Santa Ana e Santa Rita, e à montagem de fábrica de laticínios em Marília, São Paulo, que processará o leite produzido nas duas fazendas. Para tanto, o grupo pretende ainda contratar 234 novos funcionários, capacitá-los para trabalho na nova unidade fabril, adquirir maquinário para ordenha eletrônica e para a produção de queijo, requeijão e creme de leite.

Levando em conta as informações fornecidas, cabe a você redigir um relatório que atenda às necessidades informacionais dos novos acionistas do Grupo Brasil.

Lembre-se: o objetivo da Atividade 8 é obter o máximo de legibilidade.

Assim:

- Corte tudo que for desnecessário.
- Organize as informações numa sequência lógica e inicie cada bloco com um intertítulo.
- Procure aliar texto a imagem. Use ilustrações.

A PRODUÇÃO DE TEXTO

PARTE 3

COMEÇANDO A PATINAR

Não importam quais sejam seus talentos ou pendores literários. Sempre chegará o momento em que o resultado de seu trabalho deve ficar registrado, para ser criticamente analisado e avaliado por seus superiores, colegas, clientes, público em geral.

Procure encarar desta forma: este é o momento de as pessoas saberem que você existe e que tem algo de positivo e interessante a lhes dizer. Um texto elaborado com motivação positiva é o primeiro passo para o sucesso — e a satisfação de tê-lo escrito será indescritível.

Claro que coletar material, fazer a triagem do que é relevante, organizar as informações em sequência lógica e torná-las "palatáveis" ao leitor demanda esforço e consome muito tempo. Afinal, todos sabemos que, se a leitura for penosa, o trabalho será inevitavelmente deixado de lado, e informações importantes não receberão a devida atenção que merecem.

Entretanto, não deixe que a vaidade, o medo de errar na dose ou o perfeccionismo exacerbado impeçam-no de tocar seu projeto de redação adiante. Não fique travado, seja por exigir demais de você mesmo, seja por temer possíveis reações negativas de um público leitor que, por enquanto, ainda não existe.

Você pode ser um bom nadador — sem precisar tentar bater o recorde olímpico — ou um excelente motorista — sem precisar disputar o campeonato mundial de Fórmula 1. Seja apenas um bom comunicador, sem que isso implique candidatar-se ao Prêmio Nobel de Literatura.

Em certa medida, o ato de escrever pode ser associado à tarefa, relativamente simples, de patinar. Você pode devorar livros sobre patinação, comprar os melhores patins e assistir a alguns vídeos especializados sobre o assunto. Você pode, até mesmo, pedir a alguém que retire seus sapatos e coloque os patins em seus pés. Só existe uma tarefa que ninguém pode fazer por você: patinar.

Claro que você precisa de tempo para se organizar e estruturar o que vai escrever. Mas até esse tempo tem um limite. Caso contrário, você ficará sempre na teoria e nas boas intenções de produzir um texto e jamais chegará à prática.

Lembre-se: à medida que seu texto começa a ganhar forma é que lacunas de pensamento aparecem e se torna necessário buscar complementos indispensáveis para que a informação se torne completa, clara e acessível ao leitor.

> Para quem ainda não tem muita prática, vale o lembrete: assim como só se aprende a patinar, patinando, só se aprende a escrever, escrevendo.

OS TIPOS DE TEXTO TÉCNICO MAIS UTILIZADOS

RELATÓRIO INFORMATIVO

Relatórios informativos são textos cuja função é proporcionar o necessário suporte para que pessoas ou grupos, com necessidades específicas, possam valer-se das informações neles contidas para implementar determinadas ações.

Suponha que a indústria X, do ramo farmacêutico, queira montar uma grande fábrica na parte andina da América do Sul. É fundamental que seus executivos saibam qual a renda *per capita* dos países que compõem a região, e qual o efetivo potencial comprador do público para os medicamentos que pretende lançar nesse mercado.

É imprescindível obter ainda informações sobre a infraestrutura local e a existência ou não de algum tipo de restrição de natureza cultural aos medicamentos que a indústria produz. Na Bolívia e no Peru, por exemplo, grande parte da população — de origem indígena — resiste a medicamentos industrializados, em favor de tratamentos à base de ervas e plantas medicinais, conhecimento passado de geração a geração.

Dependendo da linha de medicamentos que se quer produzir em escala industrial, estabelecer-se na região pressupõe investir maciçamente em estratégias de marketing, focadas na mudança de alguns hábitos secularmente enraizados na população. Cabem, portanto, as seguintes indagações:

- Qual a relação custo/benefício do investimento?
- Qual o grau de especialização da mão de obra local?
- Quanto o Estado se propõe a empregar para viabilizar o investimento?

Imagine agora que uma empreiteira seja contratada para construir uma clínica especializada no tratamento de hemodiálise. Não faz o menor sentido ao engenheiro civil encarregado do projeto ter que devorar dezenas de livros para se inteirar sobre o assunto, ou ainda ter que prestar novo exame vestibular para estudar medicina.

Relatórios técnicos de suporte, que informem sobre doenças renais e como tratá-las, fotos e informações do fabricante sobre funcionamento e instalação de equipamentos de hemodiálise, além da normatização técnica disponível, serão elementos essenciais para a construção de um prédio moderno e funcional, que atenda plenamente às necessidades do corpo médico e dos pacientes.

Nesse momento, o segredo do bom redator é saber fazer as escolhas certas, determinando quais as informações confiáveis e de interesse para o leitor. Não torne o texto pesado nem com curiosidades inadequadas ao contexto nem com opiniões pessoais.

> O relatório informativo deve ser um bom guia para a correta tomada de decisões.

Sugestão de Atividade 9

A Universidade de Harvard deseja implantar no Brasil uma Business School, especializada na difusão de cursos MBA. Você deve apresentar à instituição relatório informativo que contenham dados sobre:

- Nível de escolarização do país, características do público-alvo que se pretende atingir e perspectivas do mercado brasileiro.
- Possibilidade de estabelecer, a exemplo da China, convênios e parcerias com empresas locais.
- Ameaças e oportunidades — como se posiciona a concorrência?
- Realidade político-social do país.

Este trabalho busca avaliar sua capacidade de:

- Encontrar as melhores fontes de pesquisa.
- Selecionar as informações pertinentes ao contexto.
- Trabalhar com dados estatísticos e torná-los acessíveis ao leitor.

Seu texto deve ter, no máximo, três páginas.

INSTRUÇÕES E NORMAS

Você já parou para pensar na infinidade de procedimentos necessários e na quantidade de pessoal técnico envolvido na montagem de uma fábrica de automóveis ou na construção de um viaduto? Preocupações mais prosaicas — e não menos importantes — são como fazer para montar a mesa da sala de jantar ou como instalar a impressora nova do escritório.

O fato é que, a todo momento, somos instados a recorrer a textos normativos, que devem informar-nos, com clareza, o passo a passo das ações que pretendemos executar.

Para que a empreitada tenha êxito, é essencial que o texto normativo seja:

- Coerente, claro e objetivo.
- Compreensível para pessoal qualificado que não participou de sua elaboração.
- Completo e preciso, quanto às informações prestadas.
- Orientador, para que as ações sejam executadas corretamente.

Nessa área, um dos erros mais comuns é o de subestimar ou superestimar a capacidade de compreensão do leitor, gerada pelo receio de parecer pouco técnico ou óbvio demais. Por isso, é fundamental decidir primeiramente a que leitor você pretende se dirigir.

Temas como aplicação de métodos estatísticos para obtenção de qualidade destinam-se a leitores com conhecimento matemático acima da média. Da mesma forma, aparelhagens para medida de volume, massa e densidade, reagentes químicos, análises espectrofotométricas e cromatográficas são assuntos que dizem respeito ao campo da química analítica. Passam ao largo do grande público.

Para o leitor especializado, você deve utilizar terminologia específica, abreviaturas, desenhos técnicos, símbolos gráficos e cálculos matemáticos, sem se descuidar da citação das modificações técnicas processadas relativamente a textos editados anteriormente e da indicação das referências bibliográficas.

O redator deve ainda ser rigoroso na obediência à normatização internacional relativa a aspectos técnicos específicos como ajustes e tolerâncias, métodos estatísticos, condições ambientais e segurança.

O mesmo naturalmente não ocorre quando o texto normativo se destina ao grande público. Lembre-se de que a relação entre autor/texto é bem diferente da relação leitor/texto. Enquanto você domina o assunto — e está familiarizado com o jargão específico de sua área —, o conhecimento do público não especializado é limitado, a ponto de ignorar o significado de termos técnicos considerados comuns ou de simplesmente não atinar quanto à necessidade de implementar certas ações que o autor considera evidentes — e, portanto, desnecessário explicitá-las.

Os consumidores invariavelmente se queixam de que a maioria dos manuais destinados ao usuário é extremamente complexa e pouco elucidativa, o que não deixa de ter uma boa dose de verdade.

Para que esses textos, dirigidos ao grande público, funcionem como peças comunicativas, atente para as seguintes recomendações:

– Cuide para que as informações sejam apresentadas em sequência lógica e seja respeitada a cronologia das ações. Lembre-se de que a ordem na apresentação dos fatos está intimamente ligada à compreensão do texto.

– Peça a pelo menos três pessoas — um técnico e dois leigos — que leiam seus originais. Pergunte-lhes quais pontos não ficaram suficientemente claros e se houve dificuldade na leitura. Em caso positivo, tente identificar onde essa dificuldade se faz mais presente. Alguma passagem pode ser considerada supérflua ou redundante? Houve alguma palavra ou expressão cujo significado não ficou suficientemente claro?

– Leia várias vezes o texto e elimine o que não for essencial. Se o tempo permitir, reveja sua produção dois ou três dias após tê-la concluído. Você ficará surpreso com a quantidade de passagens a remanejar e de termos a serem modificados — ou simplesmente suprimidos.

Sugestão de Atividade 10

Segundo os gregos, este jogo foi inventado por Mercúrio, e na *Odisseia*, de Homero, podemos ver pretendentes de Penélope praticando-o às portas do palácio de Ulisses.

Entretanto, há quem assegure que sua origem seja bem mais remota. Em escavações feitas no Egito, foram encontradas incrustações com desenhos do tabuleiro e algumas pedras soltas, o que comprova que o jogo já era conhecido e praticado desde a época dos faraós.

Na Idade Média, o jogo popularizou-se e foi praticado por toda a Europa. Quanto ao nome pelo qual é modernamente conhecido, supõe-se ter sido esse o jogo preferido das damas da nobreza; daí a expressão **jogo de damas**.

Seu trabalho será agora o de explicar a um leigo como jogar **damas**.

Naturalmente, o texto deve partir do essencial (como se arruma o tabuleiro, de quantas peças o jogo se compõe, qual o objetivo do jogo etc.), discorrer sobre como movimentar as peças e tomá-las do adversário, além de mostrar como se consegue fazer dama e como essa peça se movimenta no tabuleiro.

Claro que deverão ser acrescentadas informações básicas sobre quando se dá o empate e quando um dos jogadores será considerado vencedor.

Espera-se que o redator tenha o cuidado de:

- Utilizar ilustrações como complemento a alguma informação prestada.
- Respeitar o absoluto desconhecimento do leitor quanto à prática do jogo.
- Fazer várias leituras do texto, para detectar eventuais lacunas de pensamento.

- Solicitar a colaboração de alguns leitores compulsórios, para que façam críticas sobre o texto produzido.
- Consultar alguns sites, se julgar importante enriquecer seu trabalho com instruções e restrições relativas à disputa de competições oficiais.

PARECER

Documento por meio do qual o redator é instado a emitir uma opinião, expressar um julgamento de valor relativamente à matéria específica.

O parecer atende o leitor que necessita tanto do apoio técnico como do suporte de informações, que lhe permitam adquirir o necessário embasamento para a tomada de decisões.

Portanto, um bom parecer deve:

- Avaliar as alternativas possíveis, discutir os prós e os contras e chegar à conclusão mais adequada, que vá efetivamente ao encontro das reais necessidades de informação do leitor.
- Deixar bem claro qual o melhor caminho a seguir, sem subterfúgios nem meias-palavras.
- Fazer várias recomendações, sem que isso implique dizer que o leitor tenha de obrigatoriamente acatá-las.
- Manter um tom de neutralidade, deixando bem claro que as ponderações e juízos de valor, eventualmente encontrados, atêm-se única e exclusivamente a critérios técnicos.

O PASSO A PASSO DO PARECER

- Defina o objetivo do texto e o conteúdo a ser abordado. Procure fazer um esboço. Essa prática permite avaliar se você não está subestimando ou superestimando o conhecimento prévio do leitor.
- Expanda as informações conforme o esquema *introdução-corpo-conclusão*.

Introdução

Comece com a identificação do solicitante, seguida de uma definição sucinta do objetivo do trabalho e da exposição de motivos que determinam sua execução. Você pode acrescentar ainda:

- Antecedentes relevantes.
- Metodologia empregada.
- Existência ou não de auxílio de terceiros.
- Tese central a ser defendida e síntese dos argumentos que serão apresentados.

Corpo

Apresente fatos, dados, análises e argumentos que justificarão a validade da nova informação, já exposta na introdução.

Dependendo do que vai ser dito, há muitas maneiras de desenvolver o corpo de texto. Uma sequência particularmente interessante é o desenvolvimento por tópicos, respeitando-se a cronologia dos acontecimentos.

Conclusão

Se o leitor está convencido da veracidade da nova informação, basta apenas:

a) Recapitular os principais argumentos descritos no corpo.

b) Reafirmar a nova informação para enfatizá-la.

c) Recomendar ao leitor as ações que devem/podem/convêm ser adotadas e os procedimentos para solucionar a questão.

ALGUNS LEMBRETES IMPORTANTES

- O foco do texto deve ser dirigido às necessidades de informação do leitor. Convém deixar de lado aspectos secundários, em prol da apresentação correta dos principais resultados. O parecer deve conter o necessário para ser introduzido, contextualizado, desenvolvido, justificado e concluído.
- Normalmente, leitores de parecer não gostam de textos "secos". Eles esperam encontrar comentários, análises, sugestões. Afirmações genéricas e sem fundamentação dificilmente têm credibilidade. Lembre-se, contudo, de que o detalhamento excessivo pode comprometer a eficácia da comunicação. Desnecessário tentar provar que você pesquisou o assunto com profundidade.
- Se houver muita informação a ser passada, não concentre tudo no texto principal. O que você julgar acessório pode aparecer em apêndices e anexos, notas de texto ou notas de rodapé.

Sugestão de Atividade 11

Conforme as diretrizes de uma nova política global direcionada a associar seu nome — e vincular seus produtos — a eventos e obras de alto valor comunitário e profundo alcance social, o fabricante de cigarros Taylor Crown enviou projeto ao Ministério da Educação, por meio do qual a companhia de tabaco se propõe a fazer a reforma completa das instalações físicas da Universidade Federal do Rio de Janeiro (incluindo pintura e reforma das instalações elétrica e hidráulica dos prédios, tratamento acústico das salas de aula, modernização e reforma dos laboratórios, construção de novos miniauditórios e modernização dos laboratórios de informática, entre outros benefícios, detalhados no projeto básico). Valor orçado para a obra: US$ 3,000,000.00.

Em contrapartida, o Ministério autorizaria a veiculação de propaganda de cigarros em todas as instalações da Universidade, por um período de cinco anos.

Ainda que economicamente vantajosa, a proposta é polêmica, uma vez que envolve aspectos éticos.

Exatamente por isso, o Ministério contratou a Consultoria JWS Consulting, com o objetivo de discutir os prós e os contras da veiculação de propaganda de cigarros em prédios públicos.

O relatório apresentado pela contratada, extremamente superficial, ficou aquém das necessidades do Ministério: não se discutiram as implicações da questão, tampouco se apresentaram recomendações. A contratada simplesmente limitou-se a listar argumentações favoráveis e contrárias à utilização de cigarros, conforme se verá a seguir.

A favor
1. Não se tem observado relação de causalidade entre investimentos em propaganda e demanda agregada por cigarros.
2. De acordo com a ideia geralmente aceita pelos especialistas de marketing, o mercado de cigarros é um mercado maduro, de forma que a propaganda de cigarros não objetiva conquistar novos consumidores, mas sim estimular a fidelidade à marca.
3. É a propaganda, principalmente, que torna os mercados mais competitivos. Sem propaganda, são desestimulados os investimentos em melhoria de produtos. No caso dos cigarros, a adoção de produtos considerados mais seguros, por exemplo, cigarros com filtro, cigarros com baixos teores de nicotina e de outras substâncias como alcatrão etc., ficaria prejudicada pela ausência de um mercado competitivo.
4. A indústria de cigarros é uma atividade legal que paga impostos altíssimos. Não se justificam, portanto, restrições à divulgação de suas atividades ou marcas.

Contra
1. Mesmo se tratando de um mercado maduro, a indústria de cigarros precisa conquistar novos consumidores para manter suas vendas ao longo do tempo.
2. O conceito de ciclo de vida do produto não encontra correspondência no mercado real, não sendo aplicável a nenhuma indústria como um todo.
3. A propaganda é um fator de influência importante na formação do hábito de fumar.
4. A propaganda "glamouriza" o hábito de fumar.
5. A propaganda de cigarros exerce influência sobre os hábitos de consumo de crianças e adolescentes.

AGORA É COM VOCÊ

Insatisfeito com os resultados e premido pelo tempo, o ministro determinou que se criasse comissão, composta por técnicos de seu Ministério, para discutir a questão. Cabe a você, como relator, apresentar o parecer final sobre os trabalhos. Vale ou não a pena aceitar a proposta da Taylor Crown?

É fundamental que o ministro disponha de elementos completos e orientações seguras para que possa decidir, favorável ou contrariamente, à proposta.

Para tanto, seu texto deve apresentar:

- Introdução, com breve resumo da proposta e da contrapartida solicitada. O objetivo dessa seção é estabelecer o primeiro contato (função fática da linguagem) e, sobretudo, recuperar o conhecimento partilhado.
- Desenvolvimento, com a síntese dos argumentos favoráveis e contrários à proposta, apresentados pelos membros da comissão. É interessante que a "massa" de texto seja quebrada com intertítulos, e informações complementares sejam reservadas para os apêndices/anexos.
- Conclusão, abordando o ponto de vista definido sobre a questão.
- Recomendações — se a decisão for contrária, quais as alternativas para a urgente e necessária reforma das instalações da Universidade? Se a decisão for favorável, quais as ações administrativas a serem implementadas para minimizar o inevitável impacto negativo gerado pelas críticas do grande público à decisão tomada?

RELATÓRIO DE PESQUISA

Predominantemente descritivo, serve para revelar o estágio em que se encontra determinada pesquisa em dado momento. Nesse tipo de relatório, o autor não se limita a apresentar informações e conclusões relativas ao objeto da pesquisa. Existe a preocupação de registrar a metodologia, de descrever os equipamentos e materiais utilizados — e mostrar facilidades e dificuldades quanto ao seu uso — e discutir resultados, além de fazer referência a trabalhos correlatos de outros autores relativamente à matéria descrita. É importante que o leitor disponha de elementos suficientes para se assegurar de que a repetição da pesquisa conduzirá à obtenção dos mesmos resultados.

O PASSO A PASSO DO RELATÓRIO DE PESQUISA

Quadro 3.1 – Elementos que podem compor um relatório de pesquisa

SUMÁRIO	Elemento opcional, mas necessário, dependendo da extensão do corpo de texto.
RESUMO	Deve conter os objetivos e os aspectos essenciais da pesquisa, além dos resultados esperados e efetivamente alcançados. Nesta seção, as informações são apresentadas de maneira condensada.

(continua)

(continuação)

INTRODUÇÃO	Deve apresentar a contextualização do problema, alguma informação sobre as incursões de outros autores no campo mencionado e os avanços apresentados relativamente ao trabalho de seus predecessores. Caso seja necessário, o autor pode criar seção destinada à descrição dos equipamentos e materiais utilizados, bem como as condições ambientais em que a pesquisa foi gerada.
HIPÓTESES	Deve apresentar o ponto de partida do trabalho, a indicação dos modelos utilizados, a descrição das bases em que se fundamenta a teoria e as similitudes e divergências com abordagens correlatas.
EXECUÇÃO	Deve apresentar a descrição pormenorizada das etapas para a solução do problema, as tentativas de ensaio e erro e a descrição das ações necessárias à obtenção dos resultados.
RESULTADOS	Deve trazer comentários e observações sobre valores obtidos, fórmulas a que se chegou, explanação sobre se foi possível ou não chegar aos resultados pretendidos.
AVALIAÇÃO	Deve conter a análise objetiva dos resultados obtidos.
CONCLUSÃO	Devem ser confrontados os métodos utilizados, além da apresentação de variantes e efeitos singulares, inesperados e de alguma forma interessantes para pessoal técnico especializado. Erros cometidos ao longo do experimento devem ser registrados, bem como a solução encontrada para corrigi-los.
RECOMENDAÇÕES	Deve apresentar orientações precisas para quem pretende prosseguir no curso do trabalho ou deseja utilizar determinada metodologia para seguir outra linha variante de pesquisa.
APÊNDICES / ANEXOS	Deve conter todos os complementos de informação necessários à compreensão global do processo, tais como operações matemáticas complexas, gráficos e ilustrações, informações pormenorizadas sobre outros mecanismos e metodologias etc.
ÍNDICES	Elemento opcional
REFERÊNCIAS BIBLIOGRÁFICAS	Elemento opcional

FLASH REPORT

Como andam as negociações para a fusão da empresa X com a empresa Y? Como foram as vendas da holding no último trimestre e quais as perspectivas para o próximo ano? Quantos contratos foram fechados e quantos cancelamentos ocorreram? Quais as chances reais de os contratos X, Y e Z serem renovados?

PARTE 3 – A PRODUÇÃO DE TEXTO

Dados como esses constituem base de memória para a tomada de decisões. Exatamente por isso, *Flash Reports* são textos curtos e extremamente objetivos. Tudo o que o leitor não quer — e não pode — é perder tempo.

Fuja, portanto, dos abomináveis **tendo em vista que** ou **considerando que**, aos quais invariavelmente se seguem muita delonga e conversa inútil. Se o leitor deseja saber qual o grau de receptividade do público a novos serviços disponibilizados pela companhia, diga isso a ele no início de seu texto. Nos parágrafos seguintes, fundamente sua opinião da forma mais objetiva possível. Apresente dados e informações pertinentes, acrescente alguns depoimentos, construa gráficos estatísticos e recomende ações a serem implementadas.

Dependendo do nível de informação relativa ao assunto a ser tratado, um breve histórico contextualizará o leitor de forma a fazê-lo entender melhor a natureza do problema.

O PASSO A PASSO DO FLASH REPORT

Os itens que compõem a estrutura de um *Flash Report* são:

a) Utilização da estrutura De:/Para:.
b) Solicitação do cliente interno.
c) Resposta ao solicitante.
d) Fundamentação da resposta.
e) Recomendações.

Há determinadas circunstâncias em que o redator pode consultar ou simplesmente encaminhar o problema para outras áreas. Em ambas as situações, o solicitante deve ser informado das ações em curso para atender satisfatoriamente seu pedido de informações.

Sugestão de Atividade 12

O juiz da comarca de Libertyville acatou denúncia do Comitê de Defesa da Moralidade, que questiona a má qualidade da programação veiculada pela rádio local.

Em seu despacho, Sua Excelência intima os responsáveis a comparecerem em audiência para justificar a procedência ou não das denúncias feitas contra a emissora.

O reclamante alega que:

- A rádio reserva pouco espaço à difusão de noticiário local.
- Não há nenhuma programação destinada à terceira idade.
- A programação musical da emissora privilegia conjuntos de *heavy metal*.

> As gírias e a irreverência dos locutores constituem péssimo exemplo de conduta para a juventude.

O Jurídico da empresa, então, solicitou a você, diretor de programação da rádio, a redação de um texto com as informações necessárias para refutar os argumentos do comitê.

Lembre-se de que as informações prestadas constituirão a base de defesa da organização que você representa.

Seu texto deve ter, no máximo, duas páginas, e a utilização de ilustrações é recomendável.

RELATÓRIO DE ESPECIFICAÇÕES TÉCNICAS

Nesse tipo de documento, discute-se a forma de construção e discriminam-se os materiais, as funções, as medidas, o *modus operandi* e o potencial de uso relativos a determinado produto.

Se uma rede hoteleira deseja dispor de um sistema de cadastramento em seus hotéis — por meio do qual possam ser registradas a frequência e a regularidade dos hóspedes, suas opções alimentares, sua preferência por andares altos ou baixos etc. —, qual seria o software mais confiável disponível no mercado?

Se a empresa Z quer instalar ar-condicionado central nos andares que ocupa, quais os fornecedores que oferecem esse serviço, quais as especificações técnicas e a qualidade do material utilizado nas máquinas oferecidas e qual a melhor relação custo/benefício?

Se a Secretaria da Educação precisa comprar calçados e uniformes — a serem entregues a todos os alunos do ensino fundamental da rede escolar da cidade X —, o gestor deve-se valer de toda a informação disponível para decidir com acerto sobre os melhores fornecedores a quem se deve confiar a tarefa de produzi-los.

É nesse momento que os relatórios de especificações técnicas se constituem em ferramentas valiosas e indispensáveis para a correta tomada de decisões.

Sugestão de Atividade 13

O jornal *A Trombeta*, do município de Libertyville, decidiu investir pesado contra seu concorrente *O Diário da Tarde*. Para tanto, suas primeiras ações têm-se concentrado na modernização do equipamento.

A velha rotativa será substituída por uma moderna impressora, e os computadores em uso serão substituídos por *laptops* de última geração.

Resta apenas uma dúvida: vale a pena aposentar as dez máquinas fotográficas atualmente em uso — que até agora têm dado plena conta do recado — e substituí-las por equipamento digital?

Como o preço de uma câmera fotográfica de última geração é alto para os padrões locais (em torno de US$ 3,000 a unidade), a direção da *Trombeta* decidiu consultar você, como *expert* no assunto.

Sua missão será a de produzir um Relatório de Especificações Técnicas, dirigido ao diretor-presidente do jornal. Nele, devem constar informações sobre resolução, potência do *zoom* ótico e digital, capacidade de armazenamento na memória, tecnologia de gravação, compatibilidade com PCs ou Macs, qualidade da função filmadora etc.

É interessante ainda criar um quadro comparativo, alinhando vantagens e desvantagens de substituir o equipamento em uso por outro, mais moderno. Como o leitor é leigo no assunto, itens como qualidade do material, durabilidade e relação custo/benefício devem ser desenvolvidos.

Pesquise na Internet sites especializados no assunto e trabalhe com ilustrações.

Seu trabalho deve ter, no máximo, duas páginas.

O PASSO A PASSO DE UM RELATÓRIO DE GESTÃO DE EMPRESA PRIVADA

Quadro 3.2 – Elementos que constituem um Relatório de Gestão em empresas privadas

Identificação	Devem constar o logotipo, o nome e o endereço da empresa
Apresentação	A seção deve conter informações sobre: • o porquê de a empresa vir a público e que prestação de contas deseja fazer à sociedade; • a quem o Relatório de Gestão preliminarmente se destina; • que temas serão desenvolvidos ao longo do relatório; • a que período as informações se referem.
O mercado	A seção deve conter informações sobre: • situação conjuntural do país; • desempenho econômico-operacional da empresa diante do quadro nacional; • volume de vendas e reservas técnicas acumuladas; • despesas e receitas globais, além do lucro líquido apurado; • performance da empresa, comparada ao desempenho alcançado em exercícios anteriores; • imprevistos capazes de modificar, positiva ou negativamente, o desempenho da empresa, no que se refere a metas previamente traçadas.

(continua)

(continuação)

A empresa	Esta seção deve ter informações sobre: • posicionamento da empresa no mercado; • vantagens e desvantagens de seu portfólio de produtos e clientes perante a concorrência; • funcionamento da estrutura interna e análise dos mecanismos disponíveis para seu funcionamento; • existência ou não de planos de expansão, possibilidade de criação de mais produtos e metas para o próximo período; • estruturação do quadro de funcionários, das parcerias implementadas e dos investimentos.
Conclusão	Nesta seção, é conveniente registrar o reconhecimento pela colaboração de acionistas, clientes e parceiros de negócio. O empenho e o envolvimento dos colaboradores diretos devem merecer capítulo à parte. Recomenda-se, também, um parágrafo final com indicações positivas sobre o futuro econômico do país e as perspectivas saudáveis de crescimento da empresa.

O PASSO A PASSO DE UM RELATÓRIO DE GESTÃO DE EMPRESA PÚBLICA

1. Folha de rosto
2. Apresentação (opcional)
3. Identificação da unidade, contendo: • nome da unidade gestora • natureza jurídica da unidade • vinculação da unidade
4. Caracterização da unidade, contendo: • histórico de criação • público-alvo • estrutura organizacional • área de atuação • prioridades • objetivos • projetos • origem dos recursos

(continua)

(continuação)

5. Plano de trabalho, contendo:
• metas previstas
• ações administrativas da unidade gestora
• programas e convênios implementados
• utilização e administração dos recursos disponíveis
• observância da legislação
• diligência dos controles internos
• consolidação dos resultados alcançados
• parecer final
6. Conclusão
7. Recomendações
8. Anexos

Sugestão de Atividade 14

Na condição de prefeito da cidade X, cabe a você redigir texto dirigido aos cidadãos de sua comunidade, dando conta de seu primeiro ano de gestão à frente da administração do município.

Naturalmente, você tem total liberdade para criar todas as informações necessárias ao bom andamento do trabalho. Espera-se que o texto contemple o desenvolvimento dos seguintes tópicos:

- Apresentação.
- Histórico.
- Ações desenvolvidas.
- Programas implementados.
- Receitas e despesas (consolidação dos resultados).
- Projetos para o próximo ano.
- Conclusão.

AS PARTES QUE COMPÕEM O TEXTO TÉCNICO

A extensão e a complexidade do trabalho é que determinarão a necessidade de organizar o texto em partes.

Em um *Flash Report* — documento que normalmente não excede a duas páginas —, certamente não será necessário criar folha de rosto, elaborar sumário e prefácio ou criar um capítulo à parte intitulado *Definições*. Já em relatórios de gestão, pareceres jurídicos, memoriais, teses e monografias — documentos normalmente extensos e volumosos —, é procedimento usual segmentar o texto principal em partes, subdividi-los em seções e subseções e criar apêndices/anexos, o que facilita sobremaneira a compreensão do texto.

O importante nessa história é entender que a segmentação do conteúdo atende à necessidade de se obter uma disposição ordenada, clara e coerente do assunto a ser tratado.

A extensão do trabalho é, portanto, fator determinante para a eventual subdivisão, e o bom-senso do redator é que vai determinar a necessidade de fazer introdução, redigir objetivos ou utilizar parcial ou integralmente cada um dos elementos analisados a seguir.

FOLHA DE ROSTO

Por representar o primeiro contato do leitor com o texto, a folha de rosto cumpre, simultaneamente, dois papéis:

a) Informar e contextualizar o leitor sobre o assunto a ser tratado.
b) Motivar o leitor a iniciar a leitura do trabalho.

Para que a folha de rosto cumpra suas funções, devem constar os seguintes elementos:

- **Mês e ano** — Oferece a dimensão de atualidade do trabalho. Se o assunto a ser tratado diz respeito à Informática, estaremos entrando em uma área de vertiginosa evolução, cuja renovação é constante e imediata. Assim, um trabalho sobre meios de armazenagem de informações composto em janeiro de 2003 está irremediavelmente obsoleto e, por conseguinte, terá pouquíssimas chances de ser lido.
- **Título** — Deve ser específico. Títulos pomposos e de impacto não costumam ser bem recebidos por leitores de textos técnicos quando não explicitam de forma clara o assunto a ser abordado. Títulos como "A Economia em Tempos de Globalização", "O Brasil na Era da Informática" e "Medicamentos e Patentes" são, no mínimo, genéricos demais, muito pretensiosos e pouco explicativos.

Observe como as modificações processadas na titulação fazem que os trabalhos a seguir tenham mais chances de leitura:

A EUROPA DO EURO
Efeitos da globalização na economia mundial

A INFORMATIZAÇÃO NAS ESCOLAS PÚBLICAS DO BRASIL
Análise de experiências de sucesso

QUEBRA DE PATENTES: PIRATARIA OU ATO HUMANITÁRIO?
A experiência brasileira no tratamento de pacientes portadores do HIV

- **Palavras-chave (*keywords*)** — Como o próprio nome já diz, as *keywords* enunciam os núcleos temáticos de maior relevância, a serem analisados e discutidos no texto principal. Trabalhar bem esse tópico constitui o diferencial motivador, pois, nessa relação de palavras, pode estar contido o elemento capaz de convencer o leitor a passar à leitura imediata do texto. Se o título do trabalho é, por exemplo, "Como prolongar a vida útil dos equipamentos: mais tecnologia significa vida útil menor?", as *keywords* **processos de fabricação, design, resistência de materiais** e **direitos do consumidor** constituem elementos motivadores importantes.
- **Procedência das informações** — Tópico em que se identificam autoria, entidade patrocinadora e eventual origem acadêmica do trabalho. Quanto ao grau de relevância desses elementos, é oportuno lembrar que não existe uma fórmula hierárquica de valores capaz de determinar qual desses itens deve merecer destaque. Há autores, como Umberto Eco, Philipp Kothler e Peter Drucker, cujos nomes são garantia de trabalho sério, competente e inovador em suas respectivas áreas de estudo.

Há patrocinadores, como Microsoft e Monsanto — além de órgãos vinculados a entidades internacionais como a FAO e a Unesco, por exemplo —, que certamente trarão respaldo e credibilidade ao que vai ser lido. Há instituições universitárias, como Harvard, Oxford, Universidade de Paris e Stanford, cujo bom nome constitui selo de garantia à qualidade da pesquisa acadêmica. Quanto à disposição dessas informações, há vários padrões que podem ser seguidos. A título de sugestão, observe o formato padrão sugerido pela Parte 3 das Diretivas ISO-IE:1989.

SUMÁRIO

O sumário consiste na indicação das partes constitutivas do trabalho.

Nele, estão enumerados divisões, capítulos, seções, subseções e anexos, obedecendo à ordem como as informações aparecem dispostas no texto e com a indicação da página em que cada parte se inicia. Ilustrações podem ser enumeradas em lista própria, na página anterior a do sumário.

| Generaltec | Outubro de 2011 | DINQ/25 |

Diretoria de Inovação e Qualidade

COMO PROLONGAR A VIDA ÚTIL DOS EQUIPAMENTOS:
Mais tecnologia significa vida útil menor?

Gabriela Faria Motta

| **palavras-chave**: processos de fabricação, design, resistência de materiais, direitos do consumidor | 20 páginas |

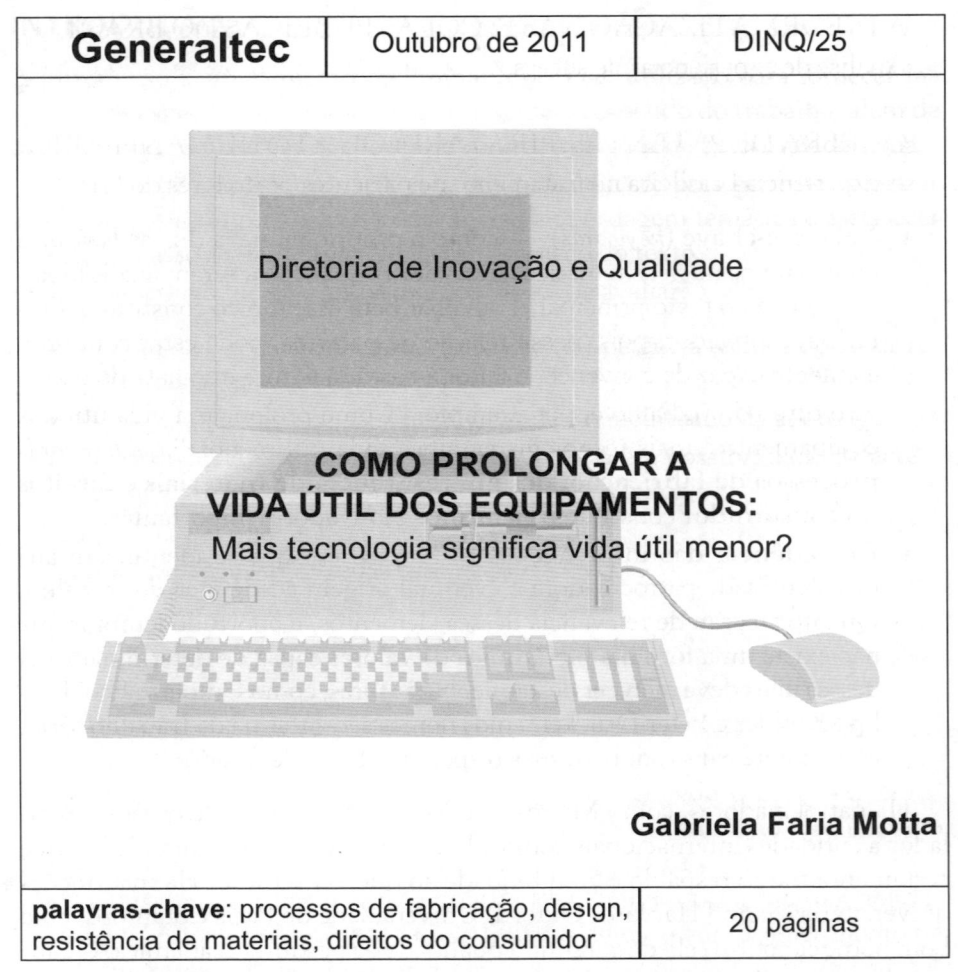

Figura 3.1 – Exemplo de folha de rosto.

DICAS IMPORTANTES

Os títulos que constam no sumário devem ser idênticos aos apresentados no texto.

A maioria dos leitores de textos técnicos faz uma leitura não linear do trabalho, privilegiando as partes que julgam que vão agregar valor imediato a seu conhecimento. Por isso, além de informativo, o sumário deve ser um bom guia orientador, permitindo a localização do assunto que o leitor julgue pertinente avaliar de imediato.

Lembre-se: o produto mais escasso no mercado chama-se **tempo**.
Assim, títulos genéricos como "Localização", "Caracterização", "Normas e Contratos" deixam de cumprir o papel orientador que cabe ao sumário.

Trabalhando a especificidade, estaremos, certamente, fazendo que o sumário cumpra melhor seu papel orientador. Observe:

Em vez de	Use
Localização	Localização geográfica do município
Caracterização	Caracterização do Conselho Administrativo
Normas e contratos	Utilização de normas de qualidade para fins contratuais

ABSTRACT

O *abstract* é a apresentação consistente e seletiva do que virá a seguir, por meio do qual o autor evidencia os pontos principais do texto, delimita os objetivos, os métodos e a abrangência do trabalho e descreve, condensadamente, os tópicos sumarizados.

Você pode fazer dois tipos de *abstract*: o descritivo e o informativo.

DESCRIPTIVE ABSTRACTS

Os *descriptive abstracts* são textos publicados em jornais e exibidos na Internet isoladamente, sem o texto principal. A expectativa do leitor é encontrar um texto curto — contendo não mais que 150 palavras — capaz de informá-lo sobre a essência do trabalho e deixá-lo à vontade para decidir se vale a pena ou não a leitura na íntegra do texto. Observe:

Business Writing

Responder ao desafio de criar diferenciais competitivos é o maior desafio da empresa moderna, e a comunicação se insere nesse processo como ferramenta estratégica para a gestão de negócios.

Business Writing estabelece as bases de ação para que o profissional possa responder assertivamente a esse desafio dos tempos.

Totalmente colorido e ricamente ilustrado, com textos diretos e exemplos práticos, *Business Writing* ensina como redigir e-mails, relatórios, malas-diretas e propostas comerciais.

(continua)

(continuação)

> - Técnicas práticas mostram como delinear o objetivo da comunicação e manter o foco de atenção no leitor.
> - Farta exemplificação demonstra como imprimir o tom adequado às comunicações e adaptar a linguagem e a informação a múltiplos leitores.
> - Textos e ilustrações exploram diversas opções para tornar seus escritos mais claros, objetivos, eficientes e persuasivos.

INFORMATIVE ABSTRACTS

Os *informative abstracts* resumem trabalhos técnicos de estrutura mais complexa. Sua extensão é maior — podendo chegar a até duas páginas, dependendo do tamanho do texto a ser resumido — por enunciar objetivos, métodos, resultados e abrangência, além de destacar os pontos mais relevantes discutidos no trabalho. Confira:

Acumulação de competências em processos de industrialização. Empresas de telefonia móvel celular.

Na literatura relativa à gestão de tecnologia em empresas, podem ser encontrados muitos trabalhos que abordam o tema *acumulação de competências em empresas que passam por processos de industrialização*.

Mesmo com a abundância e a relativa diversidade desses estudos, os estudiosos no assunto ainda se ressentem da falta de estudos comparativos sobre implicações da acumulação de competências tecnológicas para a performance de empresas ou sobre processos subjacentes de aprendizagem.

O presente trabalho busca preencher essa lacuna, ao enfocar o relacionamento entre acumulação de competências tecnológicas e aprimoramento de performance operacional, tomando como referencial empresas operadoras de telefonia móvel celular.

No Brasil, o setor de telecomunicações espera investimentos da ordem de R$ 90 bilhões até 2011. O volume de investimentos é forte indicador da importância do setor, que apresenta um intenso movimento de criação, compra e venda de empresas, movimentando um volume considerável de capital.

Essa dinâmica imprime nas empresas do setor a constante necessidade de adaptação a novas condições e mudança de cenários, da qual advém a necessidade de novos estudos de campo com fins explicativos — mais especificamente voltados para a indústria de telecomunicações.

O presente estudo foi estruturado para responder às seguintes questões:

1. Como evoluiu a acumulação de competências tecnológicas em telefonia celular no País?
2. Até que ponto a acumulação de competências tecnológicas influenciou na diferenciação das empresas, em termos de aprimoramento de performance operacional?
3. Como desenvolver competências como fator de competitividade e de permanência no mercado?

DICAS PARA PRODUZIR UM BOM ABSTRACT

1. Utilize a estrutura introdução-corpo-conclusão e respeite a sequência cronológica das ações.
2. Não acrescente informação que não esteja contida no texto principal.
3. Consulte os títulos do sumário como guia para seleção dos itens mais importantes.
4. Só comece a redigir o *abstract* após o término da redação do texto principal. De outra maneira, será praticamente impossível captar as informações essenciais ao leitor.
5. Escreva períodos curtos e empregue palavras usuais. Evite jargão técnico.

Sugestão de Atividade 15

Redija dois *descriptive abstracts*: o primeiro, sobre o último livro que você leu; o segundo, sobre um filme de Spielberg, Woody Allen ou Almodóvar a que você assistiu.

Para o êxito do trabalho, é fundamental que você desenvolva as seguintes ações:

- Consulte literatura especializada: suplementos de leitura e cadernos de cinema são bem-vindos.
- Procure as palavras mais comuns, utilize frases curtas e evite jargão técnico.
- Obedeça à estrutura introdução-corpo-conclusão e respeite a sequência cronológica das ações.
- Faça várias releituras e corte tudo aquilo que julgar dispensável.

Seu texto não pode exceder 150 palavras.

INTRODUÇÃO

A introdução é um elemento preliminar, opcional, utilizado para fornecer informações específicas, comentar tecnicamente o conteúdo do trabalho, além de evidenciar as motivações que levaram o autor à escolha de determinado tema.

Trata-se de importante estratégia de aproximação, pois permite valorizar a escolha do assunto, mostrar a relevância da abordagem temática e esclarecer quanto ao passo a passo utilizado na estruturação do texto.

Graças à introdução, o leitor terá condições de avaliar:

- O grau de informação, conhecimento e competência técnica do autor relativamente ao assunto a ser tratado.
- A qualidade, a eficiência, a originalidade e o ineditismo da abordagem.
- A pertinência das informações apresentadas e a possibilidade de acrescentar algo de novo ao universo conceitual do leitor.

Leia atentamente as introduções a seguir.

Segurança de dados na PUC-RJ

Introdução
Os dados institucionais constituem patrimônio da instituição e, como tal, devem ser tratados. Como esses dados trafegam em rede local, qualquer incidente de segurança que afete uma estação de trabalho não terá impacto apenas sobre seu usuário, mas sobre toda a organização.

Considerando que as redes locais da PUC têm acesso à Internet, cuidados suplementares devem ser tomados para evitar o comprometimento de informações sigilosas, da organização e de pessoas físicas vinculadas à Universidade. Esta é a razão de ser desta norma.

Lesão por esforço repetitivo – LER

Introdução
As LER constituem grave problema de saúde pública, por apresentarem quadros clínicos heterogêneos, de difícil prevenção e tratamento. O estigma criado em torno da doença contribui para que o paciente tema recorrer à assistência médica, a não ser quando já não consegue manter o ritmo normal de trabalho. Despreparada para receber o paciente, a grande maioria da

rede pública ou privada não dispõe de conhecimento técnico, profissionais qualificados e aparelhagem eficaz. Esta norma busca responder ao grande desafio de encontrar a profilaxia adequada para combater essa doença dos tempos modernos.

REVISÃO DE LITERATURA

Claro que ninguém acredita que um trabalho de natureza científica siga caminhos não trilhados por nenhum ser humano — ou discuta ideias 100% originais. Afinal de contas, já faz algum tempo que a roda foi inventada. Quem tem pretensões de reinventá-la é megalomaníaco. Fuja, portanto, de seus escritos!

Claro também que algo só pode ser novo em relação ao que já existe e está consagrado. Quem assume como suas as ideias de outrem está fazendo apropriação indébita. Esse merece cadeia!

Finalmente, quem acredita ser possível transformar capim em ouro é, no mínimo, um ingênuo. Não merece credibilidade.

Por isso, fazer uma boa revisão da literatura existente sobre o assunto objeto do trabalho contribui para o aumento da credibilidade perante o leitor.

Nada, contudo, que se assemelhe à velha demonstração de força, estratégia por meio da qual toneladas de trabalhos são citados ao sabor dos ventos, só para realçar a "erudição" do autor.

Uma boa e honesta revisão de literatura, que informe sobre os livros e sites efetivamente consultados, deve funcionar como um guia orientador, ao expor sucintamente abordagens de outros autores relativamente ao assunto objeto de explanação.

Ao destacar a contribuição do autor X e estabelecer os limites do escopo do seu trabalho, comparando-o — ou confrontando-o, se for o caso — com os caminhos percorridos pelo autor Y, o redator de textos técnicos consegue:

- Contextualizar o leitor quanto aos estudos já realizados sobre o assunto.
- Recuperar o conhecimento partilhado, permitindo ao leitor conhecer o referencial teórico, ponto de partida para a elaboração do trabalho.
- Provocar uma atitude receptiva do leitor quanto à aceitação de um novo ponto de vista ou quanto à apresentação de um enfoque verdadeiramente inovador.

A seção revisão de literatura pode ser incorporada à Introdução.

METODOLOGIA

Da mesma forma que qualquer jogo só terá um vencedor se o oponente estiver jogando dentro das mesmas regras, qualquer resultado obtido em um trabalho acadêmico ou relatório de pesquisa deve partir de um conjunto de critérios comuns, para que seja considerado válido.

A partida de futebol sem goleiro, em que os jogadores podem fazer gols com as mãos, terá forçosamente que ser anulada. O recorde mundial dos 100 m rasos não poderá ser homologado caso, no momento da prova, sopre forte vento a favor. Todos sabem que qualquer mudança de tempo representa alguns preciosos segundos em favor do atleta ganhador.

Em resumo: o resultado de uma abordagem especulativa só poderá ser aceito como verdadeiro se o referencial teórico utilizado obedecer a padrões universais de aceitabilidade.

Na parte relativa à metodologia, seja bem específico quanto à identificação dos critérios e dos caminhos utilizados para abordar determinada questão, quanto à forma e à estratégia de coleta de dados empregada e quanto às técnicas e estatísticas utilizadas nas análises.

Só dessa forma o leitor poderá ter certeza de que os resultados e as soluções apresentadas merecem credibilidade.

MATERIAIS E MÉTODOS

Podemos considerar como de excelência o experimento técnico que consegue:

- Descrever os resultados, com detalhamento suficiente para estabelecer sua validade perante a comunidade científica.
- Identificar aspectos inovadores, agregando novos conhecimentos.
- Ressaltar a relevância dos resultados obtidos.

Para que o experimento técnico seja considerado válido, deve haver detalhamento suficiente a fim de assegurar que a repetição da experiência conduza aos mesmos resultados.

Portanto, devem ser descritos:

- Os equipamentos e os materiais empregados no experimento (além de sua procedência e método de preparo).
- As condições em que o experimento se realizou e o passo a passo dos procedimentos adotados.
- As técnicas utilizadas para a realização do experimento. Qualquer nova técnica deve ser pormenorizadamente detalhada.

Notas

1. Caso o experimento envolva questões de segurança, indique as precauções a serem tomadas.
2. Informações sobre pureza, procedência e métodos de preparo do material e conservação da amostra podem ser acrescentadas.
3. As instruções relativas a métodos de ensaio podem ter a seguinte subdivisão:
   - Princípio.
   - Reagentes ou materiais.
   - Aparelhagem.
   - Preparação e conservação das amostras para ensaio e dos corpos de prova.
   - Procedimento.
   - Expressão dos resultados, incluindo os métodos de cálculo e a precisão do método de ensaio.
   - Relatório do ensaio.

PREFÁCIO

O prefácio constitui a ficha técnica da tese, do relatório, da monografia ou da norma técnica.

Você já deve ter observado algo parecido no cinema ou no teatro. Após o final do filme — ou antes do início da peça — são indicados, nos créditos, o nome do diretor e de todos os componentes da equipe técnica, a relação de todos os atores — em ordem alfabética —, bem como de todos os patrocinadores e instituições que contribuíram, direta ou indiretamente, para que a obra fosse produzida e lançada.

Nos créditos do texto técnico, podem constar:

- Título do trabalho.
- Natureza do trabalho (relatório de pesquisa, ensaio, monografia etc.) e público-alvo.
- Origem do trabalho (Quem solicitou? O trabalho é parte de algum projeto? Representa o desdobramento de trabalhos anteriores?).
- Autoria (de uma única pessoa ou de um grupo de estudos?).
- Relação de empresas, entidades e associações que patrocinaram o trabalho.
- Organismos governamentais ou não governamentais utilizados como fonte de informação.
- Informações sobre o grau de ineditismo do trabalho em seu campo de estudo (em caso negativo, que tipos de documento o presente trabalho cancela ou substitui, parcial ou integralmente?).

- Modificações técnicas significativas introduzidas relativamente a edições anteriores desse mesmo trabalho, nos casos de reedição.
- Informações relativas à estrutura do trabalho, como foi subdividido e de que trata cada capítulo (se existem anexos, qual o título e a natureza de cada um deles — normativa ou informativa?).

OBJETIVO

Esta seção caracteriza-se por definir a proposta de trabalho, revelar o desdobramento das hipóteses levantadas a partir do tema, além de delimitar a abrangência e a aplicabilidade da norma, do projeto, da monografia ou do relatório técnico.

É didaticamente interessante — e melhor para a compreensão do leitor — estabelecer distinções entre *Objetivos gerais* — a serem atingidos a médio e longo prazos — e *Objetivos específicos* — que delineiam as ações imediatas para concretização desses objetivos gerais. A redação desse elemento é relativamente simples e pode ser estruturada da seguinte forma:

OBJETIVOS GERAIS

O presente trabalho (Esta norma, Este relatório ou Esta monografia) apresenta orientações para (define, descreve, dá indicações, diz respeito a):

- criação de [...]
- desenvolvimento de [...]
- implementação de [...]
- planejamento de [...]

OBJETIVOS ESPECÍFICOS

Para tanto, estabelece (define) ações para:

- definir [...]
- consubstanciar [...]
- homologar [...]
- realizar [...]
- promover [...]

Nota | Quanto à forma gramatical, convém utilizar substantivos abstratos para objetivos gerais e verbos de ação para objetivos específicos.

Observe:

Material Didático
Ferramenta indispensável para um ensino técnico de qualidade

Objetivos gerais
Este projeto apresenta orientações para:
- Adequação das metodologias da educação profissionalizante aos novos perfis exigidos pelo mercado.
- Geração de uma sistemática permanente de controle de qualidade que acompanhe a evolução tecnológica.
- Implementação de uma política de elaboração de material didático condizente com as necessidades do ensino profissionalizante.
- – Melhoria do nível das publicações didáticas.

Objetivos específicos
Para tanto, estabelece ações para:
- Capacitar os preparadores de conteúdo a empregar novas metodologias e avaliar permanentemente os resultados obtidos.
- Estabelecer convênios com outros centros de pesquisa e/ou contratar consultores externos, sempre que se fizer necessário.
- Planejar atividades, considerando a utilização de um sistema de educação on-line, a distância.
- Implantar um sistema de controle de qualidade, com as seguintes atribuições:

a) Cadastrar o material didático existente no sistema.

b) Cadastrar os novos materiais produzidos dentro e fora do sistema.

c) Facilitar o fluxo de informações e a administração descentralizada do material didático.

ANEXOS/APÊNDICES

Anexos/apêndices são partes extensivas, separadas para evitar a interrupção das informações mais importantes, contidas no texto principal. Enquanto as informações adicionais produzidas pelo autor ou pela equipe responsável pela elaboração do texto principal são denominadas Apêndices, as informações adicionais obtidas em outras fontes são caracterizadas como Anexos.

Apêndices e anexos são identificados por letras maiúsculas consecutivas, travessão e pelos respectivos títulos (ABNT).

Você pode incluir nos apêndices/anexos:

- Textos nos quais se determinam modelos e padrões a serem observados e duplicados (fichas de inscrição, recibos, modelos de nota fiscal, questionários de avaliação etc.).
- Ilustrações ou provas documentais que não podem fazer parte do texto principal, seja por excederem em dimensão a formatação A4 (mapas e plantas), seja por tratar-se de documentos originais (recibos, contratos, depoimentos, notas fiscais etc.).
- Trechos longos — produzidos pelo autor ou extraídos de outros autores — usados para exemplificar, documentar, esclarecer, provar ou confirmar ideias apresentadas no texto principal (descrição de metodologias, estudo pormenorizado de casos, apresentação de organogramas, especificação de gráficos ou tabelas pertinentes apenas a algumas subseções do texto etc.).

Os anexos/apêndices devem:

- Ser identificados por letras maiúsculas, excetuando-se as letras I e O (para não confundir com anexo *um* ou anexo *zero*);
- Apresentar um título específico.

Notas
1. Anexo B – normativo
Redação e apresentação de termos e definições
B.1 Princípios gerais
B.1.1 Tipos de norma
2. A numeração das páginas dos anexos deve ser sequencial ao texto.
3. A Parte 3 das Diretivas ISO-IEC:1989 e a NM 1/94 estabelecem dois tipos de anexo na elaboração de normas:
a) Anexos normativos: São parte integrante da norma e, para facilitar a compreensão do leitor e não "quebrar" a leitura do texto principal, são dispostos ao final dos demais elementos.
b) Anexos informativos: Contêm informações que, embora ampliem a base de conhecimento do leitor relativamente ao assunto tratado, não constituem parte essencial para a compreensão do texto.

REFERÊNCIAS BIBLIOGRÁFICAS

ASSOCIAÇÃO BRASILEIRA DE NORMAS TÉCNICAS — ABNT. Rio de Janeiro. NBR 6024 Numeração progressiva das seções de um documento — procedimento. Rio de Janeiro, 1989.

COMITÊ MERCOSUL PARA NORMALIZAÇÃO. Diretivas para a elaboração e apresentação de normas Mercosul. 1995.

ECO, Humberto. *Como se faz uma tese*. 10 ed. São Paulo: Perspectiva, 1977. p. 126.

MENDES, Gilmar Ferreira et al. *Manual de Redação da Presidência da República*. 2 ed. ver. e atual. Brasília: Presidência da República, 2002.

MICHAELIS. *Moderno dicionário da língua portuguesa*. 1 ed. São Paulo: Melhoramentos, 1998. p. 2050.

SILVA, Luiz H. Pereira da. A quem cabe a responsabilidade da orientação das pesquisas? *Encontros com a Civilização Brasileira*. Rio de Janeiro, n. 5, mar. 1978, p. 18-19.

Impressão e Acabamento
Bartira
Gráfica
(011) 4393-2911